小学校体育
はじめの一歩
～主体的・対話的で深い学びを考える～

学ぶことが好きになる。
光文書院

はじめに

新学習指導要領が告示されて2年以上が経ちました。育成を目指す3つの資質・能力を念頭に置きつつ,「主体的・対話的で深い学び」の実現に向け,各学校では,令和2年度からの全面実施を目指して準備が進められていることと思います。

そうした中,小学校体育科においては,検定教科書やそれに準じた教師用指導書もないため,なかなか具体的な

授業準備のよりどころが見つからないといった話を耳にします。『小学校学習指導要領解説体育編』に基づいて授業を構想することは当然ですが,それだけでは,具体的な授業イメージがしにくいことは否めません。

新学習指導要領における体育科のキーワードを理解し,確かな学力を育成することが求められる一方,全国的に新規採用される小学校教員が増加しています。子どもたちが主体的に活動しながら授業を組み立てる体育科においては,学習指導要領に基づいた指導内容に加えて,知っておかなければならない授業のコツも多く存在します。そのため,体育の授業が難しいと感じている先生方も多いのではないでしょうか。そこで,本書では,できるだけ気軽に読んでいただき,新学習指導要領の要点や授業づくりのコツをつかんでいただきたいと考え,座談会とQ&Aで構成しています。体育の授業づくりを考える「はじめの一歩」として,活用していただければ幸いです。

白旗 和也

小学校体育 はじめの一歩 もくじ

はじめに ［白旗和也］ ……………………………………………………………… 2

座談会 ❶
小学校体育　はじめの一歩 ……………………………………………… 4
白旗和也／細越淳二／大澤諭／佐藤映子／羽賀弘美

座談会 ❷
『小学校学習指導要領』をふまえたこれからの体育の考え方 …… 14
白旗和也／大越正大／鈴木聡／山崎朱音

体育の授業づくりQ&A
■ 全般 …………………………………………………………………………… 27
白旗和也

■ 体つくり運動 ………………………………………………………………… 31
計良真美／小濱智香／佐藤映子

■ 器械運動 ……………………………………………………………………… 38
水島宏一

■ 陸上運動 ……………………………………………………………………… 46
陳洋明／細越淳二

■ 水泳運動 ……………………………………………………………………… 54
大越正大

■ ボール運動 …………………………………………………………………… 62
大澤諭／小島大樹／白旗和也／須甲理生／鈴木聡／羽賀弘美／福ケ迫善彦

■ 表現運動 ……………………………………………………………………… 71
杉本真智子／安江美保／山崎朱音

おわりに ［白旗和也］ ………………………………………………………… 79

座談会❶
小学校体育 はじめの一歩

白旗和也
日本体育大学教授

細越淳二
国士舘大学教授

大澤　諭
さいたま市立
常盤小学校教諭

佐藤映子
川崎市立
古川小学校総括教諭

羽賀弘美
松戸市立
中部小学校教頭

体育授業の現場の実態

白旗 体育の授業は，新しい内容を盛り込んだり工夫したりする以前に，「きちんとした体育の授業を行う」こと自体が難しいと感じる先生が一定数おり，そこにはさまざまな要因があります。

今日は，副読本『体育の学習』（光文書院，令和２年度版）編集委員の先生方にお集まりいただきました。それぞれの立場から，ご意見をお聞かせください。まずは「どのようなことが体育授業の課題として挙げられるのか」を全員にうかがいます。

佐藤 体育指導が苦手だと自覚される先生方の多くは，「自分が運動できないので……」とおっしゃいます。でも競技スポーツの世界では，コーチが競技者と同じ動きをしなくてはいけないわけではありません。私はスポーツが得意なほうではありませんが，体育について研究発表させていただく機会があります。運動ができなくても，自信をもって体育の授業ができるようになることは可能なはずです。

羽賀 同意見です。運動が得意な先生だって，必ずしも体育の授業が得意なわけではありません。両方得意な先生は，体育の指導についても努力をされているから上手に授業ができるのだと思います。

白旗 まず「自分が運動するのが苦手」と「体育指導が苦手」は，イコールではないという認識をもつことがスタートですね。大学生に，教育実習に向かう直前の不安を聞くと「子どもたちの前でうまく実技ができるかどうか心配」という内容が多いです。そこで，「自分が苦手な種目は，うまい子どもを探し，見本をさせて，それを解説してあげればいい」と伝えます。先生が正しい動きを知っていて，それを伝える力があればいいわけですね。佐藤先生はほかに，体育についてどのような意見や質問を受けますか。

佐藤 若手の先生から「競技は知っていても授業をすることが難しい」という意見をよく聞きます。例えば，サッカーはもちろん知っているし自分でもある程度できるけれど，5年生に対してどのようなサッカーの授

業をしたらいいのかわからない。具体的には，
- 45分間，試合だけやっていればよいのか。
- 毎時間の授業の最初は，何をしたらよいのか。
- 準備運動は何をしたらよいのか。
- 教科書がないので何を見ればよいのか。

などです。体育の副読本や一般書，指導資料を紹介しますが，実際に授業になるとうまくいかないことも多いようです。そうした体育授業の難しさは，私も若いときに感じましたし，経験の浅い先生，苦手意識のある先生がそう感じるのもわかる気がします。

白旗 理論を学んでも実践は難しい，と。羽賀先生は，体育に苦手意識のある先生方を対象とした研修会を主催されています。そこで感じていることをお聞かせください。

羽賀 体育についての研修会・研究会は多くあると思いますが，私が主催している研修会は，女性の参加者が多い点が特徴です。参加される先生方は，自主的に研修会にいらっしゃるくらいですから，市販の体育に関する本は読まれていますし，文部科学省がYouTubeで配信している体育のデジタル教材も見ています。でも，授業目線，自分自身の学級目線になったときに，なかなかそれらのヒントだけではうまくいかないと感じる先生も多いというのが現状です。そういった先生方の手助けをしたくて研修会を始めました。当初は，

- どうなると「よい授業」なのかわからない。
- よくするために，何をしたらよいかがわからない。

という状態の先生が多くいらっしゃることがわかったため，参加者の先生方からわからないことを全部集めて，1つひとつみんなで考えて解決していくことにしました。出た質問の例を挙げると，

- 授業を始めるときは，子どもたちを校庭の真ん中に並べたほうがよいか，それとも端に並べたほうがよいか。
- 校庭にラインをまっすぐに引くにはどうしたらよいか。
- 鉄棒○台に対して子どもが○人いるとき，どうやって子どもたちを並べたら授業がうまく進むか。

などです。始めは具体的な部分から入っていって，参加者のニーズにどんどん応じるうちに，今では単元づくりや授業の方法まで話すようになってきました。これは成果だと思います。先生方がより楽しくなってきているのも伝わってきます。このまま研修会を続けていき，参加者の先生方が少しでも自信をもって，子どもたちと楽しく授業をしてもらえたらよいと考えています。

白旗 講師として小学校にうかがう機会の多い細越先生は，どのようなことを感じていますか。

細越 先生方が一丸となって校内研究で「体育」に取り組まれた学校は，2年，3年とたつにつれて，より活気のある学校に変わっていく印象があります。先生方どうしの関係が密になって，子どもたちと先生方とのかかわりも，休み時間や授業中を通して増えたのではないかと感じます。

どこの学校もそういう交流イメージにたどりつけるとよいのですが，初めて訪れた学校で先生方からよくうかがうのは，

- そもそもよい体育の授業のイメージがない。
- どんなふうに授業を進めたらよいのかが，わからない。
- 体育の指導のポイントが何かわからない。

というようなお話です。おそらく，子どもの姿もそうですが，「よい体育の授業をしている

座談会 ①
小学校体育 はじめの一歩

自分のイメージ」がなかなかもてないのだろうと思います。

白旗 「何がわからないのかわからない」先生が多いのですね。大澤先生は体育の研究指定校になって2年目の学校で，研究主任という立場です。校内の先生方と一緒に研究に取り組むうえで，苦労したことはありますか。

大澤 研究主任になってから，白旗先生には勤務校に何度も足を運んでいただき，講演をしていただきました。校内の先生方に感想を聞くと，「勉強になった」という意見が多く，その時点で，前向きに研究に取り組むことが当たり前になっていった，ということがあります。研究指定校の校内研究なので，「1つの授業を題材に，いろいろな人の目線からの話が聞ける・できる」という点はよいところだと思います。「よい体育の授業のイメージ」が，研究授業を通してつかみやすいと思います。細越先生が「校内研究を行うことで学校全体が変わる」という話をされましたが，本当に教員どうしの体育に関する話題が増えましたし，ふだんのかかわりも明るくなってきたように感じます。

一方で，全国的には校内研究で体育を専門的に扱う学校は少ないと思いますし，その場合は，体育指導に苦手意識のある先生がそれを解消するきっかけを得るのは難しいと思います。他教科と違って検定教科書がない分，年間指導計画に頼る部分が多く，さらに学年や授業者個人で解釈をすることになる。そうすると，学校内でズレが生じてしまうし，何をしたらよいのかわからなくなってしまうのだと思います。それらが，実際の授業の困り感に直結しているのではないかと感じます。

白旗 先生方が体育について「わかった」「知った」ことを，実際の体育の授業で「できる」ようにつなぐことは大変ですよね。経験も必要になってきます。

私も校内研究会に呼ばれて見に行く機会は多いですが，「体育なんかあんまりやりたくない」と思っているであろう先生に出会うこともあります。そういった先生にどうやってわかってもらい，やる気になってもらうか。そのために講師としてできることは何か。いつも悩みますね。細越先生，いろいろな学校に多様な先生がいるなか，講師をするときに心掛けていることを教えていただけますか。

細越 実際の現場で講師として常々気をつけていることは，学校にも先生方1人ひとりにもそれぞれ必ず「思い」があるので，その思いを受け止めたいということです。そして，その思いを実現させるためにはどんなやり方があるのだろうかと寄り添うかたちで，『小学校学習指導要領解説』を参照したり，望ましい学習の流れを考えたりすることを心掛けています。

若手の先生や体育指導が苦手な先生が授業に向き合う場合，授業の始めは不安な気持ちが大部分だと察します。そうすると，授業が始まるあたりで「みんな緊張していると思うけれど，いつもどおり元気で頑張ろう」と言ってしまう。その時点で，先生がいちばん緊張していることが子どもたちにも伝わってしまいます。先生は一生懸命指導されるのだけれども，なかなか子どもたちとマッチしなくて焦ってくると，先生が「どうしよう」という表情になってきて，授業が終わると疲れきった表情をされているという場面を何度か見かけました。こんなとき，先生方が笑顔で授業するにはどうしたらよいか私も一生懸命考えます。本書や改訂された『体育の学習』が，その役割を担えればと思います。

教師自身が授業で扱う運動を「楽しい」と実感すれば，子どもたちにその楽しさを伝える

ときのメッセージ性が強くなり，伝わりやすいと思います。先生方が楽しさを実感できるような運動を，研修の最初や最後，実技に入る前などに行って，先生方に「楽しい」「できる」イメージを心と体でもってもらえるように心掛けています。

　内容としては，そんなに難しいことはしないですね。僕は「運動で仲間づくり」をすることが好きなので，実技研修の運動の中では「最後は何人かで1つの課題をクリアして，ハイタッチで終わりましょう」というのをよくやります。そうすると，先生方も笑顔で「ああ，こんな感じで授業を終わればいいのか」と，自分が行う授業のイメージにつながる部分を経験できます。このように，先生方の悩みを解決しつつ，先生方に運動の楽しさを実感してもらえるように考えて，研修を行っています。

白旗　運動が苦手な子どもたちには寄り添っていかないと，脱落していってしまう。そういう点では，教師への指導と子どもへの指導は一緒ですよね。

体育の授業づくり・教材づくりのヒント

白旗　みなさんのお話をうかがって，改めて1ついえるのは，苦手意識をもつ先生がひと言で「体育の指導がわからない」と言っても，指導内容，教え方，子どもとの接し方など，「わからない」がさまざまあるということですよね。しかも個人によって「わからない」の度合いは違うので，解決のしかたも1つずつ異なります。

　体育が「わからない」話として，平成23年度に現行の『小学校学習指導要領』が全面実施になった直後に，私が主導して行ったアンケート調査を思い出しました。2万人ほどの先生方を対象に体育の学習指導の内容についてうかがったところ，結果として「ほとんど理解していない」と「あまり理解していない」が合わせて約4分の3でした。つまり，約75％の先生方が，体育の内容がわからないといいながら体育の授業をしているという状況だったのです。

　先生方が自信をもたないと，なかなか子どもに対して積極的にかかわれないと思うので，そこからは「体育の指導内容を理解していないと自覚のある先生に，どうやったら自信をもって積極的に取り組んでもらえるようになるのか」をテーマに，調査・研究を進めています。指導が苦手な先生が知らなければいけないことはたくさんあると思いますが，第一段階としては，サッカーの指導法ではなくて，「サッカーという教材を使って，体育の授業で何を学ぶのか」を理解する必要があります。そのような「指導内容を確認する」場面で，大澤先生はどのようにされていますか。

大澤　まずは『小学校学習指導要領解説体育編』を活用します。私が数年前に白旗先生の元へ長期研修に行って最も変わったのは，学習指導要領の読み方だと思います。言葉1つひとつに意味が込められていることを学ばせていただきました。ですので，私だったらまずは学習指導要領解説を読みますが，これは苦手な先生だとすごく難しいとも感じます。同僚の先生方と読み合っていても解釈の違いを感じることは多々あります。

　一般的には，体育の年間指導計画に指導内容を盛り込んで作成し，ふだんの授業はそれを参照される学校が多いと思います。それだけではよくわからないようでしたら，文部科学省の提供しているデジタル教材や，冊子の資料を参考にするとよいと思います。ほかに

も，体育の副読本を使ったり，書店で購入できる体育の書籍を読むのもよいと思います。
　私の実感としては，誰かに実際に授業を見ていただいて「あのとき，どういうことを教えたかったの？」，「指導内容は何？」と問われ，自分の思いと実態のすり合わせをしていく作業がいちばん力がつくのではないかと思います。

（白旗）　なるほど。そのようにして体育の指導内容を学び，指導内容を理解して実際の授業をつくろうと思ったら，次に単元の全体計画をつくる必要があります。単元計画をつくるうえで気をつけていることはありますか。

（羽賀）　まず「最初はできるだけ易しい運動から入る」ことです。前半は「誰もが参加できる」，「簡単で易しい動きに触れさせる」ことに気を配ります。運動との出会いが楽しければ，自然と「もっとやりたい」という気持ちにつながります。後半は，それだけだと子どもは飽きてしまうので，

- 難易度を高くする。
- いろいろなものを組み合わせる。
- 人数を増やす。
- ルールを変更する。

など，プラスアルファを加えていきます。子どもたちが「もうちょっとやってみたいな」という，頑張れば手が届きそうな目標ができる単元づくりを意識しています。

（白旗）　そこで中核となるのは「どんな教材を用意するか」です。小学校で行う体育のボール運動などの種目は，簡易化されたものを扱います。このとき指導が苦手な先生は「何が何のために簡易化されているのか」がわかっていなくて「紹介されている運動を，ただやるだけ」の授業をしがちです。教材選び・教材づくりという点で，お話をお聞かせください。

（細越）　複雑でなく，シンプルなものからでよいと思います。新しい学習指導要領では，運動の苦手な子どもや意欲的でない子どもに対する例示の記述が増えました。ですので私は，時間内で「できた」，「わかった」を増やす活動を豊富に用意したいと思います。最初は全員ができるところからスタートする。苦手な子ができたら褒める。そこから，やることの本質は変えずに，人数や回数を増やすなど，場や条件を少しずつ変えていくようにするなど，子どもたちが

- 何をすればいいか，わかりやすい。
- どうなるべきかが，わかりやすい。

教材や活動の仕組みづくりが大事だと思います。これまでの経験を生かしてシンプルな課題から学びを始めることで，どの子にも「できる」「わかる」が増えていき，最終的には「運動が好き」になるような教材選び・教材づくりをしていくのが理想です。

（白旗）　「やってみたい」から始まって，「できた！」という達成感や成功体験に届くと，人は変わります。そこに向かいたいですね。成功体験には教師のかかわり方が重要で，うまくいっていたとしても，それをその場で伝えてあげないと，子どもたち自身が自分でも気づかないままになってしまいます。教師の「言葉掛け」について，佐藤先生はこだわりなどありますか。

（佐藤）　4つに分けて考え，それぞれ行うように心掛けています。

1．「頑張れ」など励ましの言葉掛け。
2．「よくできたね」など称賛の言葉掛け。(子どもたちがうれしくなったり，できた喜びを味わったりできる)
3．1人ひとりの課題に合わせて，1人ひとりに合った言葉掛け。
4．子どもどうしが活発に話しながら，高め合っていけるような言葉掛け。(子どもど

うしがお互いに技を高め合ったり，動きを変化させたりしていける）

白旗 言葉掛けについて「わからない」とおっしゃる先生たちは「何か気の利いた言葉を言わなければいけない」と考えているのではないでしょうか。でも，子どもはいろいろ言われると，どれを受け取っていいのかわからなくなります。ですので，大事なことは繰り返し伝えてもよいと思います。言葉掛けに苦手意識のある教師は，今の佐藤先生の区分の1と2だけでもよいので，積極的に行えるとよいですね。大澤先生は言葉掛けについてはどうでしょうか。

大澤 タイミングに気をつけています。教師が言葉を掛けて，子どもが特にうれしそうな顔をするときは，子どもたちが期待している言葉掛けのタイミングとばっちり合ったときだと思います。「演技の始めに教えてほしい」，「終わった後に，できたかどうか見てほしい」など，子どもによって期待は違います。体育の研究授業などを拝見していてよく見るのは，始めは言葉掛けをしていても，その子どもが演技を始めるとほかの子どもを見に行ってしまい，演技後には言葉掛けをしないという事例です。もう1度言葉を掛けてほしがっている子どもは多いと思います。

白旗 演技後の言葉掛けは，次への意欲にもつながりますね。

体育の「主体的・対話的で深い学び」とは？

白旗 これまで学習指導要領は，教科の目標と内容を示すもので，方法については学校にお任せしていました。今回の改訂では「主体的・対話的で深い学び」が明示され，方法も例示され，学びとして押さえてほしいものをしっかりと打ち出してきた印象があります。この「主体的・対話的で深い学び」について，お話しください。

羽賀 主体的になるためには，その運動が楽しいと感じること，楽しいと感じるためにはその運動の特性に十分に触れることが大事だと思います。例えば「何がうまくいかないのか」，「どうしたらもっと上手になれるのか」を子どもたちに考えさせたい場合，一度はその運動を一生懸命やった経験がないと難しいと思います。やらないことには課題が見えてこないし，子どもたちも思いや願いがもちにくいはずです。運動との出会いの時間を確保し，最初はたっぷりと触れさせる。そうすることで「もっとこうしてみたい！」という次の段階につながっていきます。その，子どもたちの意欲と関心の高まりが，主体的になって「どんどん運動していきたい」という気持ちを促すのではないかと考えます。

また，楽しくなるためには，先ほどお話をしたように「自分でもできそうかな」というレベルからスタートしないと飛びつきません。運動が苦手な子はたくさんいます。特に最近の1年生は，運動をほとんどしたことがない状態で入学してくる子も多いです。運動との出会いの重要性は増していると思います。「できそうだな」となると，子どもたちは自然と課題をもちます。1人ひとりの課題が異なってくるので，そこからは個に応じた支援が必

座談会❶ 小学校体育 はじめの一歩

9

要になってきます。

白旗　「やってみたい」教材や,「これだったら自分もできそうだ」という有能感をもたせる導入などによる運動とのよい出会いは,主体的になるために重要ですね。

続けて対話について考えます。体育は,人とのかかわりが数多く見られます。団体種目はもちろん,個人種目もそうです。運動している瞬間の自分の姿は自分では客観的にわからないこともあり,他者とのかかわり方をどうやってよい学びに結び付けていくかが,極めて重要です。そうした点についてお話をお聞かせください。

細越　体育ではこれまでも「見合い,伝え合い,対話を促進しよう」としてきましたが,昔よりも群れ遊びの経験が少なくなってきている子どもたちに,最初から「かかわろう」と言っても厳しいと思います。

私は,体育でのかかわりについての学びは,2つの段階があると考えています。1つ目は「かかわり方を知る」段階。教え合いのしかたであったり,約束事の確認であったり,学びの基礎としてのかかわり方を知ることが,その1つ目です。2つ目は「自分たちから能動的にかかわる」段階です。「もっとこんなふうに攻めたらいいんじゃないか」,「自分たちのファイトコールを考えたよ」と,子どもたちから言ってくるような段階がこれにあたると思います。目の前の子どもたちの様子を見て,必要に応じてかかわり方を伝えることも大切な学習になります。

よく「対話するために運動量が減っていいのか」という議論が起こりますが,もちろん運動量の確保は大前提です。ただ,かかわりをもつことでわかることもあるし,そこでの学びも重要なので,いつどのような方法で対話をもつべきかについては,子どもの実態把握とともに,単元レベル,年間レベル,学年レベルで,検討し続けることが必要です。

また,対話について考えるとき,ICT機器の活用も大きな要素になるでしょう。これまでの「見る⇒理解する⇒運動する⇒感想をもつ」という学びの道筋のほかに,ICT機器の活用で,順番が変わったり合わさったりしながら進んでいく学びの姿も出てくるでしょう。

白旗　今はまだ,ICT機器を体育の授業で使おうとすると,反対する人が出てきますね。「その時間をとるよりも運動量の確保を」と。運動量の確保はもちろん大事ですが,「意味のある運動量」というのがあって,よい学びにつなげるためには,ずっと運動していればよいわけではありません。例えば中学校で,時間いっぱいまでただ走らせ続ける授業を見たことがあります。これは運動量を確保できていますが,限られた体育の時間で行うべきよい授業でしょうか。よい学びをして自分を高めていくためには,どこかで客観的に見る,話し合うなどの時間をとることが必要になります。だからICT機器の利用と運動量の話でいうと,「意味のある運動量を確保するためにICT機器を使おう」ということです。

細越　ICT機器には教師が使う例と児童が使う例がありますが,例えば光文書院の「デジ体(デジタル体育)」は,教師も子どもも使

用することができます。デジ体を見ながら子どもどうしで対話をする，あるいはデジ体をスクリーンに映して先生が活用する。今後はそれらの具体的なよりよい使い方の事例をたくさん出し合っていけるとよいと思います。

白旗　デジ体は，小学校体育でICTというと多くの先生から名前が出るデジタル教材で，好評ですね。2020年度版も現場に期待されていると思います。今日いらっしゃる皆さんは，ICT機器をどう活用していますか。

大澤　器械運動が多いですが，他領域でも使います。「使うことを目的とせず，手段として使う」ことを意識しています。

佐藤　器械運動で使うことが多いです。子どもたち自身が動画を撮り，自分たちで見るようにさせています。撮影したとび箱を跳んだときの映像と，お手本動画を重ねて表示できる機能が欲しいですね。自分の課題が具体的で明確になると思います。

細越　あるいは，前時の自分と今の自分を重ねて表示できる機能もあるといいですね。

佐藤　自分の成長が確認，視覚化できますね。技術的には可能なのではないでしょうか。

大澤　運動の様子を撮影すると，撮影を終えた瞬間に，人工知能やプログラムで手本との違いを判断して，アドバイスを音声でもらえるようになるとすばらしいと思います。

羽賀　球技で使用する作戦盤のICT化は，今すぐ行いたいです。作戦盤は磁石だから動かしやすいけれど，履歴は残りません。系統立てた動きの流れや図をノートに記録するといっても，試合後に思い出しながら表すのは大変なので，タブレット上で動かしたデータが自動で記録されるコンテンツがあると，子どもたちの思考の流れや形跡が残ってよいと思います。子どもたちからチームの動きの流れを話してもらうこともありますが，これも時間がかかるので，画面上で表示できるようになるといいですね。

白旗　作戦の話がありましたが，元となる情報なしに，ゼロから自分たちで考えて運用する学びは難しいです。ヒントとなる材料として，例えばデジタル教材や副読本があります。どこで使ったらよいのかとよく聞かれますが，デジタル教材や副読本の有効な使い方があれば教えてください。

大澤　マット運動の授業で，デジタル教材と副読本を両方使用してみました。子どもたちは最初は動画に夢中でしたが，しだいに副読本を見合いながら「ここ，こうなんだね」，「こうしたほうがいいんじゃない」といった対話やかかわりをしている様子が見られました。瞬間的に流れていってしまう動画に対し，止まっている画像で周辺の情報も見られるというのは，副読本の利点なのかと思います。領域問わず，始めに副読本を見せて，授業のイメージをもたせることができる場合もあります。領域によって使うポイントは違います。

佐藤　私は朝の会で「今日から始まる運動遊びはこういうことをするよ」と紹介して，教室で見せることがあります。授業に持っていかせる場合，例えば高学年の器械運動だったら，技に応じた課題と練習方法が出ているので，課題に合った練習方法を知るために自主的に副読本で確認しようとする子どももいます。

「深い学び」と学習カード

白旗　「主体的・対話的で深い学び」なので，主体的・対話的で終わるのではなく，「深い学び」に到達しないといけません。「何が深くなればよいのか」，「どう学習すれば深い学びと

いえるのか」，この点についてはどうですか。

羽賀 「はい，できました」で終わらせずに，「次は動きを変えてみたい」，「チームでもっとパスを速くして攻め込みたい」など，その子どもにとって新たな課題が見つかり，それに向かって進んでいくことが，深い学びにつながると考えています。

佐藤 学習過程で考えると，まずは「おもしろそう」，「自分にもできそう」，「やってみたい」と思えるような導入を設定すること。次に，やらせっぱなしにするのではなく，ねらいに応じた知識・技能はきちんとおさえること。そこで「楽しい」，「できた」から一歩進んで「私はこうしたい」，「もっと○○になる」という個々やチームの課題が発生し，それに応じた手だてや場づくりを行うことで，学びが深まっていくのだと思います。

大澤 まずは教師が子どもたちを楽しさに誘う，引きずり込んでいく。そして，教師の場面転換や揺さぶりで，深い学びにしていく，そういうイメージがあります。

細越 新しい発見があったり，発展的な課題に取り組んだりすることも，深い学びの世界についてのイメージの1つかなと思います。先日拝見した授業では，生き生きと頑張っている5年生たちに，先生が「君たちは5年生としてはすごい。でも6年生レベルになってみたくない？」と尋ねていました。そうすると「もっとこうしたらいいんじゃない？」「そうだね，やってみよう」と言い出す子がいました。子どもたちが「私たち，もうちょっと頑張れるかも」と思うような，気持ちをくすぐるひと言を用意しておくことは大切だと思います。「もっとみんなは伸びることができる」という，メッセージの伝え方は今後も勉強し続けたいです。

白旗 教師だって同じで，例えば体育の指

導法を勉強していったらちょっとわかってきて，おもしろくもなってきて，ある程度できるようになると「もっとこうしたい」という次のテーマが出てきます。まさにその状況が，子どもたち1人ひとりに対して起きるのが理想です。もっと学びたいから，結果として深い学びになっていく。そうなるには主体的になる必要があるし，周りとのかかわりや対話も必要なので，「主体的・対話的で深い学び」とセットにした言葉になっているのだと思います。また，子どもたちが「なりたい自分」，「できるようになりたいこと」に向けて，試行錯誤できる場を設定することも大切です。

ただ，子どもが好きに動いて「おもしろかった」だけで終わってしまうと，学習としては完結していません。達成感を得られるようなまとめが必要だと思っています。その際，学習カードをうまく活用できると，子どもの学びが系統的になるし，教師も把握しやすくなると思います。大澤先生は，ふだんから学習カードを使用されているそうですね。

大澤 学習カードはつくり方しだいで，子どもの学びに直結すると感じます。ただ書かせるのではなく，教師が何を見取りたいのかをふまえて作成することが大事です。

・【子どもにとって】これまでの自分を振り返り，「こんなところが成長した」，「できるよ

うになった」と実感がもてる。
- 【教師にとって】その振り返りを見て評価ができる。

「主体的・対話的で深い学び」を実施するには，「個に対応した評価」が重要になってきます。そのため，適切な学習カードづくりがこれまで以上に，体育科が目指す学習に有効ではないかと実感しているところです。

白旗　学習カードは，漠然と「感想を書きましょう」としてしまうと，いろいろなことを子どもたちが書いてきて，先生が評価に使うのは難しいですよね。学習カードの役割は，子どもの思考を整理する役割と子どもの学習状況を把握する役割です。そうしたことを意図的に取り込んでつくっていくと，評価にも個別支援にも役立ち，ポートフォリオとして振り返りもできるものになると思います。

体育を学んでいく先生方へのメッセージ

白旗　最後に，体育の学びを続けていく先生方にメッセージをお願いします。

佐藤　去年組んだ初任の先生が，1年の振り返りで子どもたちに「体育が楽しい」と書いてもらえたのがうれしいと言っていました。体育の授業がうまくいくと，クラスの子どもたちが生き生きとしてくるとも言っていました。体育は，子どもどうしのかかわり合いが深い教科なので，学級運営の面からも大事にしてほしいと思います。

大澤　「体育は，1つの教科で生きる力をすべて育める唯一の教科だ」と聞いたことがありますが，まさにそうだと思います。体育を一生懸命やると，クラスの子どもたちが変わってくる。そして，子どもたちから学ばせてもらうものも多くなります。

20代の頃，授業についての悩みを吐露したら，見本を見せてくださった先輩がいました。学ぶ意欲のある先生に，手を差し伸べるベテランの先生はいらっしゃるので，体育指導が苦手な先生は「苦手です」と声に出すことによって，教わったり輪が広がったりすることもあるかと思います。そういった輪に私も参加させていただきたいと考えています。

羽賀　「よい授業をしたい」，「子どものために頑張りたい」という意欲をもって，主体的に先生が体育の授業に取り組むと，子どもも変わってくるのではないかと思います。それと，やはり先生自身が子どもと一緒に楽しむことがいちばん大事だと思います。苦手だということは「伸びしろ」があるということです。知らないことやわからないことがたくさんあるなら，これからの授業でどんどんプラスアルファを積んでいけます。

細越　生き生きとしている先生の授業では，子どもたちもやはり生き生きしていると感じます。

学校に「今日の授業はよかった，もっと頑張って」と声を掛けてくれるミドルリーダーがいたり，あるいは「じゃあ一緒にやってみよう」と言ってくれる同僚がいたりすると，教師は一緒に成長していけると思います。もしそのような同僚がいない場合でも，副読本『体育の学習』や，その教師用指導書，デジ体が，その代わりになれたらうれしいです。心と体，両方でよい実感を得られるような授業づくりをこれからも先生方としていきたいと思いますし，そのために先生方に指導の実感をもっていただけるように取り組んでいきたいと考えています。

（終）

※この座談会は2019年4月17日に行われました。
　肩書・勤務校は座談会時のものです。

座談会① 小学校体育　はじめの一歩

座談会 ❷
『小学校学習指導要領』をふまえたこれからの体育の考え方

白旗和也
日本体育大学教授

大越正大
東海大学教授

鈴木　聡
東京学芸大学教授

山崎朱音
静岡大学講師

育成を目指す3つの資質・能力

白旗　平成29年告示，令和2年度より全面実施の『小学校学習指導要領』の特徴は，日本の将来像を描き，これまで以上に知・徳・体にわたる「生きる力」の育成を具体化・明確化し，全ての教科等の目標及び内容を「知識・技能」，「思考力・判断力・表現力等」，「学びに向かう力・人間性等」の3つの柱で再整理したことにあります。まずはこの3つの柱と体育の関係をどう捉えていくか，考えをお聞かせください。

大越　先日，体育以外の教職を専門とする方が，「体育は『知・徳・体』の『体』を担当しているから大切…」と語っていました。間違っているわけではありませんし，健康の保持・増進や体力向上を体育の授業に期待するのは当然です。しかし体育は「体」だけでなく，運動やスポーツを通してよりよく問題を解決する能力や豊かな人間性を養うなど，「知」や「徳」を含めた全人的な能力を身につけることができますし，教育現場でもそれを大切にしてきました。しかし，「体育＝体」という一面的な見方は多くの方々がされている一般的認識なのかもしれません。現在の，小学校から高校までの12年間の体育で重視されている「生涯にわたって心身の健康を保持増進し，豊かなスポーツライフを実現する」という理念には，技能はもとより，運動・スポーツについての知識，フェアプレーやスポーツマンシップなどの人間性，それらをもとに思考し，問題をよりよく解決する力などを，バランスよく育むことが大切です。このような力は，全ての教科を通じて身につけることが求められている3つの柱の資質・能力と合致するものと考えています。

山崎　入学したばかりの大学生と話してみると，体育に対して「とにかく体を動かす，体力をつける，がむしゃらに頑張る」というイメージをもっている学生が多くいることに不安を覚えます。体育は技能を高めるだけで

はなく，運動・スポーツを通してさまざまなことをトータルで学んでいく教科であって，そこは他教科と同様だということを，特に，小学校の教員免許取得を目指す学生には授業の初めに必ず伝えます。今回，3つの資質・能力が全ての教科で同じように示されたことで，体育がいかに総合的な教科であるかが強調されたと感じます。

鈴木 大学でOECD（経済協力開発機構）とともに，Education 2030という教育モデルを検討しています。そこでは「思考力・判断力・表現力等」にあたる汎用的なスキルを身につけることが大事であるという話になります。汎用的スキルは他教科と同様に体育でも学べるし，活かせる。算数で身につけた論理的思考力を，体育の技術を身につけるときに活かすというような，コンピテンシーが横断する流れに，今回の学習指導要領で体育もしっかり含まれていることはよいことだと思います。課題解決の過程での「つまずきを見つけ，修正し，わかり，できるようになる」という流れは，体育だと他教科以上に可視化されやすいし，みんながてきるようになったときの結果もわかりやすい。そういう点から，他教科以上に体育に，「思考力・判断力・表現力等」の育成が期待される部分は高まるのではないかと考えます。

白旗 諸外国での体育の普及を目指す仕事を継続して行っていますが，新しい地に行くたびに「体育＝競技力向上」と最初は捉えられます。そこでまず，日本の体育教育の話をします。意欲をもって運動を続けていけることが重要で，安全確保の意識をもち，技能を高めることはもちろんですが，よりよいチームになるための責任や協力の考え方を育んだり，自分やチームを高める方法を思考し，判断して表現したりすることを学ぶのが体育である，と。

今までの話をまとめると，「育成を目指す3つの資質・能力」はもともと体育が目指すところと合致しているし，そのなかで体育の重要性は再認識されたのではないか，と。よい体育の授業を継続して行えれば，結果として「育成を目指す3つの資質・能力」は育つということを改めて感じたしだいです。

体育の見方・考え方

白旗 体育科固有の話をしていきましょう。今回の学習指導要領では「『体育の見方・考え方』を働かせて，資質・能力の3つの柱を育成する」とされています。「体育の見方・考え方」について，「具体的にどういうことかわからない」という声が聞こえてくることがありますね。考えを聞かせてもらえますか。

鈴木 運動・スポーツとの関わり方として「する，みる，支える」に「知る」が加わり，それらで資質・能力の3つの柱をバランスよく育てていこうというのが，学習指導要領に示された「見方・考え方」だと捉えています。昔の体育はとにかく「する」に特化されていました。でもスポーツは「する」だけではない。スポーツを「みる」のが好きで分析するようになり，そこからアナリストなどの「支える」仕事につながっていく人がいるかもしれない。「知る」については中学校以降は行われていましたが，小学校段階から意識させることでスポーツの多様性や多角的な視点をもてるようになることも期待できます。それが，ほかのさまざまな事象をみる際の豊かな解釈につながり，「見方・考え方」が資質・能力の育成に役立つのではないかと考えます。

大越 体育科の目標に掲げられている「生涯にわたる豊かなスポーツライフ」を実現するためには，スポーツの文化的な側面に触れる必要があり，その経験によって育まれた

価値観が「見方・考え方」につながっていくのではないかと思います。生活を豊かにするスポーツとの関わり方は、「する」だけではなくて「みる，支える，知る」などがある，という。

鈴木　観戦や分析，運営などでの関わり方も「豊かなスポーツライフ」であることがクローズアップされ，スポーツ好きの人口が増えるかもしれませんね。あとは個人的に，関わり方として「つくる」も加えたいです。小学生でも，そのクラス特有のスポーツをつくることはできるし，それは「豊かなスポーツライフ」につながるものだと思います。

大越　「つくる」は素晴らしいアイディアですね。さらに「語り合う」を加えるのはどうでしょう。ほかにもたくさんありそうです。こうした多様な関わり方・楽しみ方の選択肢が生活を豊かにするということを，体育の授業で子どもたちに理解させたいですね。このような理解は，自らの興味・関心，適性などに応じて自分に合ったスポーツとの関わり方を見いだす力につながる。体育で学んだことを活かして「どのように社会・世界と関わり，よりよい人生を送るか」といったまさに「生きる力」の資質・能力に当てはまると思います。このような考え方そのものが，体育の見方・考え方といえるのかもしれません。

　小学校における「『体育の見方・考え方』を働かせて」の学びの具体的なイメージですが，発達段階を考慮すると，小学生のうちはまず，自らの体を動かして運動することの楽しさを十分に味わわせ，運動の必要感を高めることが大切だと思います。こうした学習によって身についた力や価値観が「みる，支える，知る」といった多様な楽しみ方を学ぶ"支え"になると思います。しかし，小学校における「見方・考え方」の捉え方については，より一層議論を深めていく必要があると考えています。

白旗　『小学校学習指導要領解説　体育編』では「楽しさや喜びとともに体力の向上に果たす役割の視点」から捉えて，運動・スポーツと多様な関わり方をすることが「見方・考え方」となっている。体育の授業では技能を高めるだけではなくて，運動・スポーツに対する視点を変えていくと関わり方がさまざまあることを述べています。それが生涯にわたって運動を続けることや，関心をもって継続的に触れ合っていくことにつながると思います。また，そこにつなげるためには，教師の働きかけが重要です。「見方・考え方」につながる子どもの気付きを大切にしたいですね。

豊かなスポーツライフ

白旗　今日も何度か出てきた「豊かなスポーツライフ」という言葉は，小学校から高等学校までの学習指導要領の「体育科の目標」に一貫して登場します。この言葉についてはどう捉えていますか。

山崎　先ほどの「見方・考え方」ともつながりますが，いつでも・どこでも・誰とでも・どんな関わり方でも，スポーツを楽しめる生活が「豊かなスポーツライフ」だと思います。同年代の技能が近い者どうしで競い合う楽しさはもちろん，年齢差や技能差，障害のある・なしに関わらず，それぞれのやりたいことができる，それが豊かなスポーツライフだと考えます。多様性をふまえて楽しむことは，小学校段階では難しいかもしれませんが，継続的に考えていく必要はあります。

　「する」の多様性に関していえば，表現運動領域（ダンス）は有効な種目です。同じ題材でも同じ音楽でも，年齢や体格差，自分の置かれた環境などで違った捉え方が出てくるのは当然ですし，自由なダンスは誰でも踊ることができます。それこそがダンスの文化である

といえ，題材1つ，曲1つで「豊かなスポーツライフ」を楽しむことができます。

白旗 音楽と体育については，よい関係を築く必要がありますね。アフリカへ体育指導に行くと，子どもたちは球技や器械運動をやったことがないから，最初はまるでできません。ところが，音楽をかけると「楽しいことがあるぞ」という予感がするのか，自然と集まってきて，きれいに整列します。そして自由なダンスは得意。音楽は表現領域だけでなく体育のさまざまな場面で有効な場合があるので，教師自身が音楽を体育にうまく取り入れることを意識したほうがいいですね。どの年代においても運動と音楽は親和性があります。

鈴木 大人になっても趣味でスポーツに取り組む人は，それこそ「見方・考え方」を駆使して，楽しんでいるのだと思います。ダンスだったら，ただ動いて発散するだけではなく，人の動きを見て自分に取り入れたり工夫したりする活動も含めて楽しんでいる。それが「豊かなスポーツライフ」につながる。AIがこの先進歩していくと，ゆくゆくは「暇を持て余さない力」というか，工夫して自分で遊びを創造できる力が「生きる力」といわれるようになるかもしれませんね。自分自身で面白みを見いだせる人が「豊かなスポーツライフ」を送ることができる時代にますますなっていくと思います。

白旗 お2人の話を聞いて，「見方・考え方」と「豊かなスポーツライフ」の関係が深いことを，改めて感じました。文科省の施策目標に「誰もが，いつでも，どこでも，いつまでもスポーツに親しむことができる生涯スポーツ社会の実現」を目指すという理念があります。世の中にないなら自分で作ったり，できなくなってきたらやり方・関わり方を変えて楽しんだり，時代や状況により自分に合う運動とのよい関わり方を見つけていくことが「豊かなスポーツライフ」に通じると思います。

体育における「知識」

白旗 資質・能力の3つの柱に基づいて，体育は「各種の運動の行い方を理解する」と「知識」の観点が初めて明確に記されました。体育で「知識」というと，どうしても「最初にコツを教えて，その通りやらせる」というイメージをもたれてしまう危険性があります。

鈴木 「このコツや技術をつかめば誰でもできるようになるよ」だけで終わる授業は，体育科が目指す授業とはいえません。コツや技術の意味を，知識面でも体感面でも理解しておく必要がある。例えば，後転で斜めに回転してしまう児童に，ただ何度も練習させるだけではなかなかできるようにならない。1枚のマットの上にマットを2枚並べて間を少し空け，その溝に頭をつけて後転させるとまっすぐ回れます。ここで感覚をつかむと，通常のマットでまっすぐ後転できるようになっていく。これは，首を硬直させずにしなやかに曲げる感覚をつかむための場の工夫であるという「意味」を，教師がおさえておくことが大切です。そういった場の工夫の意味を児童に考えさせたり共有したりすると，児童は練習の意味が「わかる」ようになります。すると，次に別の技で似たつまずきに陥ったとき，自分たちで解決の方法を工夫していく姿が期待できます。

「わかる」と「できる」のうち「わかる」が「知識」にあたりますが，それは「できる＝技能」と密接につなぎ留められているものだと思います。

白旗 大事なところです。小学校の体育で「知識を授ける」だけだと，硬直した学習になってしまう。動くことで得られた気付きが

知識の源です。

(山崎) これまでの小学校体育の「知識」では，「どうしたらできるようになるのか」，「何故できたか」ということが重視されてきましたが，やはり重要なことは運動の魅力や何を楽しいと感じるかを「わかる」「理解できる」ことだと思います。それらは，その運動が面白いと感じたときに気付くものなので，その前提として先生方の仕掛けが大事だと思われます。

(白旗) 知りたいことが先にあるからこそ「知識」が獲得できる。中学校以降の視点からもお話いただけますか。

(大越) 『小学校学習指導要領』に書かれている「知識」の内容は「(動作や技の)行い方」でした。これは「技能」に直接関連する「知識」であり，小学校では「技能」(できる)と「知識」(わかる)を関連させて学んでいくという考え方が強いと感じました。

一方，中学校は「行い方」だけではなく「学び方」や「成り立ち」なども書かれています。すなわち，小・中・高への系統は，単に知識を広げるイメージではなく，生涯スポーツにつなげるために，「技能」に直接関連しない運動・スポーツの文化的内容も教えることによって，スポーツの多様な価値や楽しみ方の理解につなげていこうとしている。中学・高校では「体育理論」という座学で行う知識に関する領域も始まりますね。

(白旗) 中学校以降は以前から「知識」が確立しており，一般化された明確な知識になっているのに対して，小学校はコツや知恵を含めた「技能」のもととなる「行い方」を「知識」として捉えている。ただ，このとき「技能」と「知識」には順序性がありません。できてから理由を考えてわかるようになることもある。今まで小学校体育における「知識」は「思考・判断」に含まれていました。それは，考える(思考)，知る(知識)，できる(技能)が一体かつ順序性がなく，切り離すのが難しいと考えられていたからです。そこに向かうには，「知りたい」・「楽しい」・「もっとうまくなりたい」をセットで考えていかないといけない。「知識」は何を知っているかだけではなくて，どのように知るか，どう使えるかを含んでいることを，小学校では意識するべきかと思います。

「身につける」技能と「他者に伝える」表現

(白旗) 「知識」と対になる観点の「技能」については，今までの「できる」という表記が「身につける」に変わりました。これは「能力化する」，「定着する」という意味合いが強くなったからだと思います。

(大越) 「できる」が「身につける」となったのは，子どもたちにどのような力を身につけさせるのかといった目標を明確にするという意味でもよい変更だと思います。教師が望むのは，体育の授業で子どもに，一発勝負の技能テストに合格させることではなく，実際に使える能力を身につけてもらうこと，その能力を活かして豊かな生活を送ってほしいということだと思います。最初のほうで「汎用的スキル」という言葉を紹介していただきましたが，「技能」もさまざまなスポーツに関わることで汎用的な能力を養えると思います。

(鈴木) 自転車は一度乗れるようになったら「今日は調子が悪いから乗れない」ということはほぼありません。これが「できる」ではなく「身につける」ということですよね。体育では今までもそれを求めてきましたが，表現が変わってより伝わりやすくなりました。

(白旗) 「できる」は1回でもできればOK，やっとできたからそこでゴール，というイメージがある。育成を目指す資質・能力とし

て「技能」を考えると，汎用性を高めるために，いつでもあらゆる場で活用できるようにしておく必要があります。それが「身についている」状態です。

鈴木　身につけるためには切実性が大事です。「あの動きをどうしても自分もしたい」，「理想に近づきたい」と思うと「知識」や「技能」を求めるようになるし，教師や友達に見てもらう機会ができる。そこで対話が生まれます。

白旗　対話といえば「思考力・判断力」については「他者に伝える」という「表現力」に相当する記述が加わりました。

大越　書き出す・言葉で伝えるなどのアウトプットができなければ，結局のところ「思考・判断」を評価することはできません。「表現力」の追加は，考えるだけでなく，考えたことをきちんと表現できる能力まで身につけましょうというメッセージにも見えます。

白旗　他教科を含めた話ではその通りだと思います。ただ，体育における「表現力」は文章に書いたり，人に話したりだけではないし，体育科固有の「表現力」もある気がします。表現運動領域が専門の山崎さんは，どう捉えていますか。

山崎　体育には表現運動領域の種目としての「表現」があり，その活動の中でも「表現する能力」という言葉があります。それが「思考力・判断力・表現力等」の「表現力」と混同されてしまうことがあるので，注意が必要です。体育科固有の「表現力」は，体と体で会話することではないでしょうか。それは，動きで伝え合ったり，相手の動きに共感できたりすることかと思います。

白旗　体育には，プレー中のアイコンタクトなど，言語活動ではない表現があることはおさえておく必要があります。また，場をつくったり，新しいルールをつくったりする「つくる」活動も表現といえると考えています。

課題解決学習と主体的・対話的で深い学び

白旗　学習指導要領で，現場の先生方の懸念点の１つに「課題を見つけ，その解決に向けた学習過程」をつくっていくための「主体的・対話的で深い学び」をどうするか，ということがあります。既にこの言葉をふまえた研究や授業づくりが，全国各地の学校の全教科で始まっていると思います。新学習指導要領をふまえた体育の授業づくりをしていくために気をつける点など，お聞かせください。

鈴木　これからの学習スタイルとして「課題解決学習」が示されたことで，「そもそも『課題解決』とは何ですか」と問われる機会が増えました。ビジネス用語としての「課題解決」は，理想と現実のギャップをいかに理想に近づけていくかという作業ですね。体育で例えると，きれいな側転をしたい児童が，上手にできている友達と自分の演技とのギャップを見極めて，あのような動きができるにはどうしたらいいかを考えたときに問いが生まれます。その子にコツを聞くと「１歩目をしっかり踏み切るといい」と言われ，そのために「足を高くあげればいい」ことがわかって，自分がきれいに回れないのは踏み切りが弱いからと気付いたとき，「踏み切りを強くする」ことが課題となります。これら一連の活動が「課題解決学習」です。「課題」はポジティブな具体目標。そういった学びは「主体的」に「自分はこうなりたい」という思いがあり，コツをつかむためや伝えるために「対話的」な行為が生まれ，つまずいても，自問自答していくことが「深い学び」になる。

山崎　表現運動領域では，「動きの中で対話をしていく学び」も大事だと思います。子どもがなりきって踊っているときに，先生が技能的な指導を含めた適切な言葉掛けをしてい

くことで，踊りながら自分の中で対話して，動きが変化し，深い学びへとつながる。

「主体的」「対話的」「深い」の3つのキーワードは，連続的に関わっており，もし「主体的な学びは今回の単元で達成できたから，次の単元は対話的な学びにしよう」と考えている先生がいるとしたら，それは少し違うのではないでしょうか。

鈴木 3つのキーワードに共通しているのが，「自分・自己」だと考えています。「主体的・対話的で深い学び」の定義をよく読むと，それぞれに「自分・自己」という言葉が入っています。「主体的」はもちろん，「対話的」ではほかの人の考えを聞いて自己の考えを広げ深める，「深い学び」では，創造するために自分の考え方を確かめる。

白旗 「なりたい自分」をもつことが「主体的・対話的で深い学び」を進めるうえでの原動力ですね。

大越 「主体的・対話的で深い学び」は授業改善の視点であると示されています。それが現場では，ポジティブなイメージで，授業のあり方を改めて考えるきっかけになっており，よい意味でひとり歩きしているなと感じています。教師からの一方向的な受け身の授業ではなく，児童自らが学ぼうとする学習を実現するためにどうしたらいいか，考え始めている先生も多くいるようで，これは素晴らしいことだと思います。そこで，さらに考えを深めたいのは「教える」という行為をどのように捉えるかです。「深い学び」に子どもたちを導いていくためには土台となる知識は必要であり，知識の広さ・深さが「深い学び」につながります。授業づくりでは，子どもたちにどのタイミングで何を教え，何を考えさせるのか，これを明確にする必要があると思います。それが明確になって初めて教師が何をすべきかが見えてくる。授業の要点になると思います。

白旗 苦手な児童は最初から「この運動，自分には無理だ」「きっとうまくいかない」と諦めてしまう場合があります。授業だから一応やるけど，解決できると思っていない。そういう児童は，運動とよい出会いをしているとはいえないので，「もっとこうなりたい」が見つかる導入は，これまで以上に重要です。

山崎 児童を主体的にさせられるかどうかは，初めに先生がいかにこの運動が面白い・もっとやってみたい・もっと上手になりたいという気持ちにさせられるかが勝負だと思います。そこで失敗すると，特に表現運動領域は，児童が恥ずかしがってしまい，なりきって踊れないまま授業が終わってしまうことが考えられます。児童の発達段階に合わせて，その運動の特性に触れられ，さらに「簡単にはできない」「ちょっと難しいけれどできそう」といったさじ加減で，児童が「やってみたい」と興味をもてる運動（表現でいえば題材）を提示できるかが本当に大切です。

白旗 発達段階という大事な言葉が出ました。例えば「なりたい自分」として，最初にオリンピック選手を設定すると，かけ離れすぎていて，今最初に取り組むべき課題の設定ができません。最もよい課題とは，この時間に頑張ればできそうな課題です。45分の授業の中でどう頑張っても達成不可能なことは，課題になっていません。逆に，できる子がすぐにやることがなくなってしまう課題もよくない。発達段階に応じたちょうどいい課題を，どうやって見つけていくか。

大越 課題とは，教材から導き出されるもの，または教材そのものになるでしょうか。よい教材とのよい出会いが，よい課題の発見につながると思います。教材はよく料理に例えられます。子どもたちが，頑張ればみな消化できるおいしい教材づくりを，教師がいかに行うかが重要だと思います。

20

白旗　頑張れば手が届きそうな「なりたい自分」を設定できれば，意欲につながります。そのためには，自分がどうなのかがわかっていないと課題がつくれない。自分の現状把握と，なりたい自分に近づく方法の，2つの情報が必要です。でも体育を行っている最中に，自分の現状把握をすることは難しい。どのような工夫が考えられますか。

大越　体育で行う運動は，小学生たちにとっては初めて行う動きも多いので，最初は自分の動きがどうなっているのかがわからないのが普通です。よって他者の目を借りて，自分の動きとよい動きとを比較してみる。時には映像を撮って自己の動きを観察してみる。こうした情報をもとに振り返り，改善するといった学習サイクルを繰り返す中で，自分自身の現状を客観的に把握したり，効果的な学びの方法が身についたりする。生涯学習にもつながる視点だと感じます。

白旗　ちょっとでもうまくなれば，次の意欲につながります。それを自分で把握するために，振り返りがあり，振り返りがないと次の課題が生まれてこないし，自信もつかない。意味のある振り返りをするためにも，大きな役割を果たすのが教師の支援です。少しそこに焦点化して話をしましょうか。

教師の指導・支援

白旗　子どもには学ぶ力がもともと備わっています。ただ，時間は有限です。永遠に時間があれば独力で達成できることはたくさんあるかもしれませんが，授業という限られた時間の中で学びを深めるには，教師側の関わり・支援のしかたが極めて重要です。

鈴木　見守るだけでは，教師は役割を果たせていません。子どもたちが「なりたい自分」に向かっていくときに，何をするか。例えば，子どもたちが運動に没頭しているとき，先生がより動きを高めたり工夫したりしてほしいとします。このときに個別に「こうしなさい」と伝える方法がありますが，「みんな，○○さんの動きを見てみよう」と，上手な児童の動きを共有させて，全体を喚起させていく手法もあります。そういう引き出すための手立てや仕掛けは色々あります。教師はそれをたくさん知ったうえで，子どもたちに適切なタイミングで教えたり，見つけさせたりするのが，理想的な授業のスタイルだと思います。

白旗　そのためには発達段階と，単元の中での学びの段階を意識することが重要ですね。初めはできるところからスタートする。まず，「この運動は楽しそうだな」，「これなら自分もできそう」と思えることが次への意欲につながります。取り組んでいくうちにだんだんともっとうまくなりたくなってくる。そこで，「次になりたい自分」を発見する。あるいは，この後どうしたらいいかわからないなど停滞しているときに，揺さぶりをかける。学びを深める教師からの言葉掛けがあることで，次の段階に進める。1歩ずつ深くなっていく学習がつくれるといいですよね。

鈴木　どんなに夢中でやっていることでも，いずれは飽きてきます。飽和していく。そこで，「もうちょっとこうなりたい」が自然に出てくるといいですが，それがなかなか起きないときには，「揺さぶり」をかける必要があります。「本当に今のままでいいの？」という投げ掛けや刺激を与えて，子どもたちの達成したい次の課題につなげていく。「できた」で終わらせずに「もっと美しく」，「もっとダイナミックに」など，学びの意欲を連続させる積極的な関わり方こそ，目指すべき教師の指導・支援だと思います。

白旗　そうはいっても「いや，児童が楽しむことが大事なのだから，楽しんでいる状態

に教師が介入する必要はない」、「児童が『楽しかった』と思えることが最高の体育の授業」と考えていらっしゃる先生もいるかもしれません。そもそも、教科の体育としての楽しさを勘違いしていますね。

（山崎）特に低学年の授業において見受けられるかもしれません。例えば低学年の表現領域は、中学年・高学年につながる技能をきちんと把握し、継続的に学ばせることが必要です。そこを理解できていないと、低学年は「とにかく踊っていればOK」、「動きを真似できていればOK」となってしまいます。次の発達段階とのつながりをふまえたうえでの指導も、教師の指導・支援の重要な点だと思います。新しい『体育の学習』（光文書院）では、低学年から高学年までのつながりをふまえた系統性のある学習を取り入れることを意識しています。

（白旗）『体育の学習』の話が出ました。本日出席していただいたみなさまには、領域ごとに分かれて、体育の副読本『体育の学習』の原稿執筆・編集作業に、今まさに取り組んでいただいております。それもふまえて、新しい学習指導要領を受けての、各領域の特性や、授業づくりの具体的な留意点、ポイントをうかがっていこうと思います。

体つくり運動領域

（白旗）体つくり運動領域は、「体ほぐしの運動」と「多様な動きをつくる運動」、「体の動きを高める運動」の3つに分けられます。体ほぐしの運動では体を動かす楽しさ・心地よさを味わえること、人と交流をもちながら、易しい運動を楽しんでいくことが目標です。他の領域では一般的に伸びていく、高めていくことが課題ですが、「体ほぐしの運動」はそれを求めていません。だから誰でも運動に入れます。そこが他の領域と違う大きな特徴です。

学習の内容は示されていますから、ただ活動するだけで終わらせず、何をねらってこの運動や動きを取り入れているのか目標をはっきりさせるのが他領域以上に重要です。「気付き」を大切にしながら、より自分の体や心と対話できる人を育てていこうというのがそもそもの主旨だと思いますので、教師から子どもたちにどんどん発問して、子どもたちの「気付き」を引き出していってほしいです。学習は与え続けられるものではなく、準備が整い思いも膨らんできたら、自分たちで向かっていくように目指したいのが「体ほぐしの運動」です。

「多様な動きをつくる運動（遊び）」は、楽しみながら夢中で取り組むうちにできるようになって、できるようになったらもう少し難しい動きにも挑戦し、それもできるようになっていくという発想でつくられている領域で、私が教科調査官を務めていた平成20年に告示された学習指導要領改訂で新設されました。

他の領域と決定的に違うのは、「いつかこの領域がなくなるといいね」といわれながらつくられたこと。児童たちが遊びとしていっぱい運動していればいらない領域だったのに、以前より児童の動きが低下したことで必要になってしまった。日々の中に自然と運動が入っていくことによって、なくなることを目指しているという、ほかにはない領域です。高学年になると、「体力を高める運動」から名称が変更された、「体の動きを高める運動」があります。これは今まで、学校や先生によっては「新体力テストの記録を高めるための運動」という主旨とは異なる捉え方をされていたことが分かりました。そうではなく、「動きに着目して高めていくことによって結果として体力が高まっていく、という学習に位置づけを変えましょう」ということで、名称以外は変わっていません。縄跳びがうまくなりた

いから縄跳びをするのではなくて、「巧みな動きを高める」ために縄跳びを選択する、というのが主旨です。自分にとって高まったかどうかの振り返りが大事です。体つきやそもそもの体力が違うのに同じ目標を目指していくこと、ある児童には向いていても、ある児童には易しすぎたり難しすぎたりします。自分に適した体力を身につけていく学習をしていかなければなりません。与えられるだけではなくて、体と常に対話をしながら自分に合った高め方ができる運動を工夫して見つけていく、そこまでが小学校の学習です。「体ほぐしの運動」と「体の動きを高める運動」は、アプローチのしかたが違うだけで、自分の体と対話するという点では同じです。

水泳領域

大越 小学校から高校までの水泳の内容を概観すると、水遊びから始まり、徐々に泳法につなげていく流れになっています。小学校では水に慣れ、水中での基本的な動きを身につけ、クロール、平泳ぎといった泳法に発展させる。中学校からはそれらの効率的な泳法にしていくとともに、背泳ぎ、バタフライ、複数の泳法の組み合わせ、リレーも扱う。これらの内容から水泳の特性を考えると、競争・達成・克服などのいわゆるスポーツとしての特性が思い浮かびます。これらの特性は技術習得や技能向上が主たるねらいになります。しかし、水泳の魅力はそれだけではありませんね。水泳の魅力は浮力や抵抗といった「水」の特性に関連しています。非日常である水中は、初めは恐怖心をもつ子どもも多くいますが、水に慣れた瞬間に楽しい世界が広がります。フワフワして心地いいし、陸上では絶対にできない動き方ができるため、子どもたちは夢中になって遊びます。水中に沈むと浮力を利用して高くジャンプできることを学

ぶと、もっと高く跳んでみようとか、次は回転してみようとか、色々なことに挑戦し始めます。また、暑い日に水に入ったときの快感も水泳の大きな魅力の1つですね。夢中になって遊ぶ子どもたちの姿を見ていると「これが大事だよな」と感じます。泳法の学習を否定しているわけではありません。合理的に進む泳法を身につけるにも水の特性を学ぶことが重要ですし、水に慣れて、泳げるようになると、さまざまな水のスポーツに発展させることができます。

もう1つ大切な視点は「安全」です。水の事故は、後を絶ちません。新しい学習指導要領では、水の事故防止の観点から、高学年に「安全確保につながる運動」という内容が加わりました。これを泳法と並ぶ「型」のように捉えてしまうと難しい印象になります。中学年までに学んできた「浮く運動」と「呼吸法」を活用して、呼吸をしながら長い間浮いていられるようにする、つまり救助者が来るまで浮いて待てるようにする。そう捉えれば1つの「型」を学ぶのではなく、その子の能力に合った浮き方や、状況に合った浮き方・待ち方を考える学習を行うことになります。気をつけたいのは活動量が少ないことです。動きの少なさから子どもの体が冷えてしまわないように、行うタイミングや時間などに注意が必要です。

次に、どんな授業づくりが必要かということですが、水泳は、プカプカ浮いて気持ちいいはずの背浮きで、鼻に水が入って激痛が走った瞬間に嫌いになることがあります。一度溺れる経験をするとトラウマになることもあります。授業ではそのような状況に陥らないようにしたいですね。

低学年では、夢中になって遊ぶことで水に慣れ、恐怖心を取り除くところから始めます。恐怖心がなくなれば、水の特性を味わう余裕

座談会❷

『小学校学習指導要領』をふまえたこれからの体育の考え方

が生まれます。かけっこをすれば水の抵抗を感じますし、ジャンケン股くぐりをすれば水圧を感じます。こうした水の特性を味わうさまざまな遊びを数多く行うことが大切です。活動内容に適した水深選び、焦らずスモールステップをふむこと、陸上とは違う呼吸法をしっかり身につけることなどが要点となるでしょう。

　中学年ではいきなり面かぶりクロールやかえる足泳ぎに挑戦するのではなく、水の特性を十分に感じながら、低学年で身につけた水中での身のこなしを利用して、徐々に浮いて進めるようにします。補助具を使用してもいいですね。浮く・進む・呼吸するの3つの要素ができたら「泳げたね！」と褒め、次のステップへの意欲を高めたいですね。

　高学年では、クロールや平泳ぎなどの泳法を扱うようになりますが、いきなりではなく、導入段階ではまずは水の特性を味わう楽しい活動を行うことが大切です。泳法の学習では、2・3人でお互いの動きを観察し合いながら、学びを深める学習をしたいです。水泳は個人差が生じやすいので、課題に応じた活動を選択できる場づくりも重要になります。

ゲーム・ボール運動領域

　鈴木　ゲーム・ボール運動領域は、これまでの改訂と比べると、変更点は少ないです。「ゴール型」、「ネット型」、「ベースボール型」という区分はそのままに、ゴール型の中でタグラグビーやフラッグフットボールのような攻守入り交じり型の記述が増え、中学年では陣取り型を必ず行うようになったことと、ネット型（ゲーム）の例示として少人数でできるテニスが加わったのが目立った点でしょうか。

　平成10年告示の学習指導要領は種目が明確に示されていたので、その運動の魅力そのものが特性でした。平成20年告示の学習指導要領以降、「ボールを持たないときの動き」という言葉が加わりましたが、学んだ動きをほかの運動をするときにも生かす視点が強調されました。また、どういった教材でも学ぶ中身が明確であればよいため、教材の自由化というか、ルールや道具を変更したバラエティーに富んだゲーム・ボール教材は今後も増えていく印象があります。怖いのは、教材開発ばかりに夢中になり、「児童がオリジナルゲームを楽しめているからいい」となってしまうこと。そうなっては元も子もありません。どんな教材でも、そこで何を学ばせるか、工夫させるかが大事です。そのうえで、更にルールや規則を工夫したり、難しくしたりして、自分たちに合ったものやもっと面白いものにしようと、みんなでつくっていく活動を取り入れるなどするとよいと思います。特に、ボール運動系のいちばんの楽しさは、攻めたり守ったりしながら、得点を取り合うことですから、攻め方や守り方を工夫しよう、という投げ掛けや発問が大事です。おそらくそこが資質・能力でいう「思考力・判断力・表現力等」の部分。前の単元でこれを学んだから、今回の単元のここでこう活かせると取り組んでいくと、「学びに向かう力」にもつながっていく。

　どんな授業づくりが必要なのか考えながら『体育の学習』の編集を進めています。大事にしたのが、例えば「工夫」にポイントを絞ったとき、単元の前半では個人の中での「個の工夫」を、単元の後半では、仲間やチームと協力して点を取り合う・守るなどの「集団の工夫」の段階があるということをベースにした点。「工夫してごらん」、「考えてみよう」という場面で「何でもいいよ」としてしまうより、教師がある程度ゴールイメージをもち、こういった工夫をさせたいという理想があってこそ、より充実したゲーム・ボール運動が展開

できると考えています。そのうえで，子どもが主体的で切実性をもって学ぶ姿を実現させたいものです。

表現運動領域

山崎▶ 新しい学習指導要領で，表現運動領域に大きな変更点はありません。表現運動領域は「表現」，「リズムダンス」，「フォークダンス」に区分されます。「表現」は，非日常の世界に没入し，なりきって踊ることが特性です。もともと子どもがもっている，変身したいという欲求に応えます。「リズムダンス」は，リズムに乗って全身で踊ることが特性であり，この特性にふれることで律動の快感を得られます。「フォークダンス」は，文化的に伝承されてきた定型の踊りを踊って，友達と交流することが特性です。定型の踊りを踊ることに，「表現」や「リズムダンス」の自由なダンスとは違う特性があります。

　解説ではどの種目も最初に特性を示してから「知識・技能」に入っていく記述がされ，各々の特性が具体的に示されています。学習の流れとしては最初の段階で，なりきる楽しさや，リズムに乗ることの楽しさに触れさせていく。そこから子どもの動きの中で先生が動きを引き出しながら，より高められるような関わり方をしていくところが表現運動領域では大事です。

　さらに，教師と児童および児童どうしの，双方向の関わりが常に生じるのが表現運動の特徴ですね。子どもの即興的な動きに対し，教師がその場でフィードバックし，その動きを価値付けすることで，子どもの中に動きのストックがたくさんできます。

　また，現場の先生方とお話する機会には「子どもの自由な表現を否定するような言葉掛けは絶対にしないでほしい」と必ずお伝えします。特に表現は，今ある自分の思いを表現する種目です。できる・できないに関係なく，自分の思っていることを全身で表現することが目標ですから，そこに子どもどうしの嘲笑や，先生の「それはダメ」といった発言が発生すると，心を解放した表現をしていることや，さらにいえば自分の存在を否定されることになってしまう。そうならないように注意しながら，より高めていく方向にもっていく指導のしかたが特に重要です。

　そして次の学年の学習につなげていくために，低学年から継続的に取り組んでいくことの大切さが，新しい学習指導要領に示されていると思います。例えば，低学年の表現では「ひと流れの動き」にすることは明示されていませんが，例示にはひと流れの動きにするヒントが示されています。また，題材の扱い方も大事であり，特に高学年になると恥ずかしさに加え，より個性も強調される発達段階になってきているので，幅の広い題材の捉え方・提供のしかたが授業づくりのポイントだと考えます。

白旗▶ 本日の座談会では，新しい学習指導要領が目指しているところから，徐々に体育の具体的な内容に入り，最終的には各領域の授業づくりにまで迫るような話ができました。「育成を目指す３つの資質・能力」や「主体的・対話的で深い学び」は，これまでも体育が目指してきたことと大きく変わってはいない部分もありますが，思いも理想も新たに考え続け，全ての先生方に広げていくような取り組みをしていかなければいけないな，と使命を感じしだいです。本日はありがとうございました。
　　　　　　　　　　　　　　　　（終）

※この座談会は2019年4月11日に行われました。
　肩書・勤務校は座談会時のものです。

体育の授業づくり Q&A

「体育の授業づくりQ＆A」は，以下の手順で作成されました。

① 小学校の現場の先生方から「体育の指導に関して，誰かに聞きたいと思ったことがある質問（Q）」を集める。同時に，小学校の現場の先生方，大学で体育科教育を専門とされている先生方から「体育の指導に関して，人から聞かれたことのある質問（Q）」を集める。
② ①で集まったQを領域ごとに分ける。
③ 各領域のご専門の先生方に，Qに回答（A）していただく。

初めから終わりまで通読していただいても，気になるところだけ拾い読みしていただいても，明日からの体育指導に役立つ内容となっています。

体育の授業づくり Q&A　全般

Q　3つの資質・能力の育成と知識・技能の関係

新しい学習指導要領では，3つの資質・能力の育成が重要なので，知識・技能は重視しなくてよいでしょうか。

A
それは，全く逆です。中教審答申では「今回の改訂が目指すのは，学習の内容と方法の両方を重視し，子どもの学びの過程を質的に高めていくことである。単元や題材のまとまりの中で，子どもたちが『何ができるようになるか（引用者注：育成を目指す3つの資質・能力）』を明確にしながら，『何を学ぶか』という学習内容と，『どのように学ぶか』という学びの過程を組み立てていくことが重要になる」と述べられています。学習内容とは体育科特有の内容であり，体育を教科として成立させているものです。その学習内容を身に付けていく過程と身に付けたことを活用し，課題解決していく過程で，資質・能力が育まれていきます。新学習指導要領で，「身に付ける」という言葉が多く用いられているのは，学習内容の習得が資質・能力の育成に重要であることを示しています。育成を目指す3つの資質・能力の1つ目は「生きて働く知識・技能の習得」ですから。（白旗）

Q　体育の授業での「楽しさ」について

体育は楽しさが大切と聞きます。子どもが楽しく活動できることを目指せばよいのでしょうか。

A
体育の授業にとって，楽しさは重要な要素です。しかし，楽しさは授業の必要条件ですが，十分条件とはいえません。例えば，高学年の器械運動における「知識及び技能」では「次の運動の楽しさや喜びを味わい，その行い方を理解するとともに，その技を身に付けること」と示されています。この文で，指導内容は「行い方を理解すること」と，「技を身に付けること」であることがわかります。そして，その身に付け方として，訓練して身に付けるようなことではなく，その運動の楽しさや喜びを味わえることを大切にしているのです。その楽しさは，低学年では行うこと自体が楽しいということを大切にしていますが，中学年以降は楽しさや喜びと示されています。つまり，成就感や達成感を大切にしています。また，楽しさや喜びは，知識や技能だけでなく，協力してプレーできたことや練習方法を工夫できたときなども感じられることでしょう。　　　（白旗）

体育の授業づくり Q&A　全般

Q 教え合いについて

子どもどうしで自由に教え合いをさせてもうまくいきません。

A 教えるには，友達の瞬間的な動きを見て分析し，課題を判断したうえで，適切な表現ができなければなりません。思考する時間がある程度確保できる他教科と違い，体育は一瞬で見抜く必要があるため，なかなか高度だと思います。また，あまり得意でない子が，得意な子に教える場合は，感情的にも難しいですね。そこで，まずは「教え合い」ではなく「伝え合い」を目指しましょう。伝え合いは，「足がここまで上がっていたよ」といった事実を伝えればよいので，分析や適切な表現は必要ありません。誰が見ても同じ結果なので，自分が上手，下手は関係ないのです。伝え合いから始め，少しずつ分析ができ，表現できるようになっていくと，教え合いに移行していきます。教師は，見る視点を明確にしてあげることと，事実がわかりやすい仕掛け(例えばとび箱に3本テープを貼っておき，どこに着いたかわかるようにするなど)をしていく必要があります。　（白旗）

Q チーム分け後の助言について

チームを8チーム設定したら，全チームに助言する時間が足りません。

A 全部のチームに声をかけてあげたいという教師の気持ちはよくわかります。しかし，8チームあったら，話し合いのときには，教師が自分の話を伝えたら，すぐに次のチームに移動しなければなりません。それでは，子どもたちが教師に思いを伝えることができませんし，教師もチームの状況を把握することができません。そうした関わりでは，子どもとの信頼関係も作りにくいです。

対処法として，その時間に重点的に声をかけるチームを決めておくとよいでしょう。例えば，負けが続くチームに絞り，課題を一緒に考える，解決方法のヒントを助言するなど，いくつかのチームに寄り添って，一緒に課題解決を図る姿勢で接してみてはどうでしょう。負けが続くとチームの雰囲気も落ち込みがちですが，先生が応援してくれる，助けてくれるという姿勢は子どもの意欲にも大きく影響します。　（白旗）

Q 学習カードの有効な使用方法について

学習カードを用意しましたが，有効に使えていません。

A 学習カードは，思考力・判断力・表現力を育成するうえでも，教師が評価をし，次時の支援計画を考えるうえでも大変有効な手立てです。しかし，気をつけるべきポイントがあります。まず，学習カードの目的は2つあると意識することです。1つは「子どもの学習活動と思考を整理する役割」です。その時間にどんな課題をもち，どのように活動し，結果はどうだったのかを整理できるようにします。もう1つは，「教師が子どもの実態を把握する役割」です。このためには，記述欄を感想にするのではなく，学習内容に対して成果と課題を記述できるように設問を具体的にし，記述のポイントを絞れるようにします。この記述は，次時の支援計画のヒントとなります。

次に記述の質が上がるような，教師のコメントが重要です。子どもが具体的に記述できるようになるようコメントを工夫します。そして，具体的に書けるようになったらそこにアンダーラインを引くなどして，しっかり称賛します。

（白旗）

Q ICT機器の有効な活用方法について

ICT機器を使わせていると，見ることに夢中になってしまいます。

A 新学習指導要領では，ICTの活用を推奨しています。ただし，あくまでも学習を効果的に行うためのツールであって，使うことが目的にならないようにしなければなりません。体育は，自己の動きを把握しないと課題を見つけることができないため，友達に見てもらう必要がありますが，自分で見られたら課題を実感しやすいですね。ここにICTの有効性があります。

有効に活用するためには，まず機器に慣れておく必要があります。体育の授業以外にも積極的に活用しておきたいですね。

次に使い方ですが，自由に使わせるのは子どもたちが熟練し，無駄なく使えるようになってからです。初めは，使用方法の5W1H（なぜ，いつ，どこで，誰の，何を，どのように）を明確にするなど使い方を制限し，運動時間の妨げにならないように配慮します。慣れてきたら，徐々に使用法の自由度を高めて有効に活用できるようにします。

（白旗）

体育の授業づくり Q&A　　全　般

Q 「知識」と「表現」について

「技能」は「知識・技能」になり，「思考・判断」には「表現」が加わりました。留意点を教えてください。

A

　学びをよりよいものにするには「学習のしかた」がわかっていることが前提になります。ですから学習指導要領では知識について「行い方を知り（理解し）」という表現になっています。「行い方」という言葉に含まれる内容は広く感じられますが，「学習のしかたと基本的なポイント」が中心的な内容になることでしょう。

　体育の運動領域においても，知識は重要です。技能を身に付けるうえでは動きのポイントを知ることが合理的な練習につながります。協力するとき，分担のしかたや，友達の動きの何を見るのかを知らなければ，協力のよさにも気づけないでしょう。ほかにも，思考・判断するには前提となるセオリーや基本的な情報が必要です。作戦も原則的な攻め方がわからないと理にかなったものにならないでしょう。

　しかし，知識の扱いには注意が必要です。多くの教科では量的に知識が多いと評価が高くなりますが，あくまで体育の場合，たくさん知っているのがよいのではなく，課題解決に向けて活用するために必要な知識であることが大切です。「課題を解決したい，そのためにこの知識が必要」，「この知識を得たから，それを活用してこういう作戦を立てる」といった具合です。つまり生きて働く知識を意識して授業を構想する必要があります。

　「思考・判断・表現」の表現は，主に言語活動との関係で述べられています。言語はコミュニケーションの手段であるだけでなく，物事を思考するうえでも重要です。なぜなら，頭の中では言葉で考えているからです。そのために，言語に関する能力を育成する必要があり，その育成には「日々の教育活動の中で，言語活動を充実する必要がある」という論理です。

　体育でもそうした言語活動を重視することは大切です。ただし，量よりも質を大切にしましょう。体育は運動を通して学ぶ教科ですから，話し合いの時間の確保を重視して，運動学習場面が減ってしまうようでは本末転倒です。話し合い活動では，課題が具体的になっているか，話し合うための情報が提供されているか，などがポイントとなります。

　また，体育における表現は，特徴的な面があります。平成20年告示の学習指導要領では，各領域の指導内容でも，評価規準でも「思考・判断」と表されています。なぜ，表現を割愛していたのかというと，「体育では，課題に対して思考し，判断した結果，表現されるのは練習方法や運動の場，ルールや作戦（動き方）なども含まれる」からです。先にも述べたとおり，言語による表現は重要ですが，表現は言語だけではないことも念頭に置いて指導すべきでしょう。　　　　　（白旗）

体育の授業づくり Q&A　体つくり

Q 体ほぐしの運動（遊び）だけの授業

体ほぐしの運動（遊び）を1単位時間扱いとするとき，子どもたちが飽きずに取り組むコツを教えてください。

A

いろいろな体ほぐしの運動（遊び）を1単位時間の中に設定します。そのときに，「活動的な運動」→「静的な運動」→「グループで協力してできるやや活動的な運動」というふうに設定すると，いろいろな動きが1単位時間の中でできて飽きずに楽しく取り組むことができると思います。激しく動いてばかりだと疲れるし，ゆったりした動きばかりだと物足りないと感じるので，動きの質の異なったいろいろな運動を取り入れるとよいでしょう。「静的な運動」では，ストレッチなどゆったりと気持ちのよい運動を行うことで，心も体もリラックスできるといった心と体の関係性にも気付きやすいので，1時間の中で取り入れるとよいと思います。「この運動をやってみたら楽しくなるよ」，「みんなでやると楽しいよ」，「この動きは気持ちがいいよ」，「もっとしたいな」など子どもたち自身が感じられれば，主体的に取り組むことができると思います。　　　　　　　　　　（小濱）

Q 体ほぐしの運動（遊び）における主体的・対話的で深い学び

体ほぐしの運動（遊び）での主体的・対話的で深い学びとは，どういうものですか。

A

体ほぐしの運動（遊び）は友達と関わり合って取り組む運動です。友達を意識して楽しく行うことで，自然と会話が生まれます。そして，教師の提示した動きをさらに工夫する活動を通して，「こうしたらもっと楽しくなるんじゃないかな」など，よりよくしたいという思いが生まれ，友達と関わり合いながら運動に取り組むようになり，対話的な学びになっていくと思います。体ほぐしの運動の授業で学習したことを，休み時間や放課後に友達と楽しんだり家庭でもやってみたりなど，自分の生活に生かそうとすることで深い学びにもつながっていきます。また，体ほぐしの運動が他領域での心と体の準備運動として活用できるのではないかと考えて取り組むことも大事です。目的をもって体ほぐしの運動に取り組む姿勢が深い学びを実現していくと考えます。「主体的・対話的で深い学び」とは，それぞれが独立してあるのではなく関係し合って実現していきます。(小濱)

体育の授業づくり Q&A　体つくり

Q 体ほぐしの運動（遊び）における学習のおさえどころ

体ほぐしの運動（遊び）の学習のおさえどころは何ですか。

A 交流と気付きをどの学年もおさえることが大切です。交流では友達と一緒に動くと楽しいことやいろいろな友達と関わり合いをもつことを大切にしたいです。それにより，友達のことをより知ることができたり自分や友達の体についてわかったりできます。気付きは，運動を通してお互いのことを理解し合い，心と体の状況がわかることを大切にしたいです。「友達は体が柔らかい」，「たくさん動くとうきうきしてくる」，「心と体はつながっている」など，心と体のつながりに意識をもち健康な心と体でいることが大切だと気付くことができるようにしたいです。低学年は保健がないので，この体ほぐしの運動で体への気付きにも触れることができたらよいと思います。低学年では交流を中心としたねらいをもち，中学年から次第に心と体の関係にも目を向けて，高学年ではさらに心と体のつながりに気付くようにねらいをもつことが大切です。　　　　　　　　（小濱）

Q 体ほぐしの運動のグループ分け

体ほぐしの運動の活動の際のグルーピングは，どのようにしたらよいですか。

A いろいろな友達と関わりをもつことができるように，誰とでもペアやグループになれるように声掛けをします。毎回メンバーを変えてもよいでしょう。ペアでのストレッチやリラクセーションなどで身体接触がある場合は，3年生くらいまでは男女で仲よく活動したほうがよいですが，高学年では心身の発達を考えて配慮が必要になると思います。男女ペアになる，同性でペアになる，まだペアになったことがない子とペアになるなどいろいろなパターンを設定すると，子どもたちも喜んで多くの友達と触れ合うことができると思います。ペアどうしがくっついて4人グループも簡単に作ることができます。その場で誰とでもペアやグループになることができるといいですね。「○○さんは，思ったより体が柔らかいな」「初めて△△さんと一緒にやったら楽しかった」など，子どもから体の気付きや心の気付き，心と体のつながりを感じられたらいいなと思います。（小濱）

Q 動きを身に付けることについて

動きを身に付けることができない児童へは，どのような手だてがあるでしょうか。

A 幼児期からの運動経験の差もあり，特に低学年では，体の動かし方がわからないという児童もいると思います。教師が一緒に動いたり，オノマトペ（クルッ！ぐるん，ピョンピョンなど）を使ったりするとよいでしょう。1つの動きができるようになったときに褒めると，どんどん自信をもって次の動きに取り組むようになります。

中学年では動きが難しくなるため，動きを身に付けることができない児童が増えてくると思います。うまくできていない児童に対しては，動きができるようになるための具体的な動きのコツ（足の裏に力を入れるとうまくいくよ，など）を伝え，友達と考えて伝え合いながら動きに挑戦させていくとよいでしょう。適切な言葉掛けができるように，教師は動きのコツをおさえておく必要があります。

（佐藤）

Q 多様な動きをつくる運動（遊び）の授業

多様な動きをつくる運動（遊び）は，どのように授業をしたらよいですか。

A 楽しく運動するとともに，基本的な動きを身に付けることができるような授業づくりを目指しましょう。単調な動きの反復練習になるのではなく，子どもたちにとって楽しく取り組めるように工夫する必要があります。

例えば，単元名を「○○小ランドへレッツゴー」や「忍者遊びだニンニン」などと設定し，子どもたちが興味をもって運動に取り組めるようにします。授業中は，教師は正しい動きをしっかりと身に付けることができるように支援していきましょう。

また，多様な動きをつくる運動には，体のバランスを取る運動，用具を操作する運動などの種類がありますが，1単位時間には，1つの種類の運動だけを行うのではなく，いくつかの運動を取り入れることが大事です。これは，多様な動きを総合的に身に付けるという目的があるからです。

（佐藤）

体育の授業づくり Q&A　体つくり

Q 多様な動きをつくる運動（遊び）の工夫

多様な動きをつくる運動（遊び）で動きを工夫していくには，どのようにしたらよいですか。

A 基本の動きができるようになったら，その動きをもとにして，いろいろな行い方もできるように動きを広げていきます。教師が具体的な動きを提示するのではなく，子どもたちが自分で動きを考えていけるようにしましょう。教師は「向きを変えてもできるかな？」，「他の姿勢でやってみよう」，「人数を変えてやってみよう」など，動きを工夫するヒントを伝えていくとよいでしょう。

低学年の児童は動きを工夫すると伝えてもよくわからない場合も多いので，「できるようになった動きをこんなふうに変えてみよう」と教師が先に例を示したり，副読本などのイラストを例にしたりするとよいでしょう。

単元の終盤には，ペアやグループで考えた動きを伝えたり，互いにその動きに挑戦したりすることで「主体的・対話的で深い学び」にもつながっていきます。

（佐藤）

Q 多様な動きをつくる運動遊び，1年と2年の内容

「多様な動きをつくる運動遊び」の1年生と2年生の違いはなんですか。

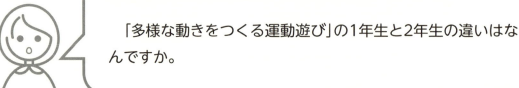

A 1年生では，基本的な動きを身に付けることを大切にします。教師が「こんな動き，できるかな？」と投げかけ，体育副読本のイラストや動きの動画などを見せて，それを真似して動くことで，動きを楽しみながら身に付けていきます。動きを身に付けた子どもたちの欲求の中で，「もっといろいろな動きができるようになりたい」という思いが生まれたとき，動きの工夫の視点を投げかけ，動きのバリエーションを増やしていきます。

2年生では，まず，1年生での経験をもとに，動きをさらに工夫していく活動を行います。それに加えて，互いの動きを見合って紹介し合い，友達の考えた動きに挑戦する活動も行います。もちろんこれらは児童の実態によります。まだ基本的な動きが身に付いていない児童が多い場合は，2年生でも，しっかり基本的な動きから取り組んでいきましょう。

（佐藤）

Q 中学年の「基本的な動きを組み合わせる運動」

「多様な動きをつくる運動」の中学年の「基本的な動きを組み合わせる運動」は，どんな動きを行えばよいですか。

A

低学年や中学年で多くの動きを経験し，動きのレパートリーを増やしてきた中学年の後半あたりに設定していくとよいでしょう。「動きを組み合わせる」とはどのようなことなのかを子どもたちが理解した状態になってから取り組むと，主体的な活動が生まれやすくなります。

初めは，どう組み合わせたらよいかわからない児童もいるはずなので，副読本等の資料を提示して，「ボールをつきながら歩く」など2つ以上の動きを同時に行ったり，「回った後にボールを捕る」といった，2つ以上の動きを連続して行ったりする動きをみんなでやってみます。その後，この組み合わせのしかたを参考にして，グループで組み合わせの運動をつくって挑戦してみるとよいでしょう。

こうした組み合わせの動きを行うためには，低学年からの易しい動きをしっかりと身に付けていることが前提となります。　（佐藤）

Q 体の動きを高める運動の内容と効果

体の動きを高める運動とは，どのような運動のことですか。また，児童にとってどのような効果がありますか。

A

体の動きを高める運動では，「体の柔らかさ」「巧みな動き」「力強い動き」「動きを持続する能力」の4つの要素を高めるための運動を行います。体の動きを高めることで児童の体力が向上し，自己の体力を向上させる手段を学ぶことで，実生活でもその動きを取り入れ，体力の向上を図ることができます。

体の柔らかさを高める運動では，前屈など各部位を大きく広げたり曲げたり，体の回旋など全身を回したりねじったりして体の各部位の可動域を広げます。巧みな動きを高める運動では，短なわや長なわ，ボール，平均台などを使って，人や物の動きに対応してタイミングよく動くこと，リズミカルに動くこと，バランスを取って動くこと，力の調整をして動くことができる能力を高めます。力強い動きを高める運動では，押しずもうや腕立て伏せ，雲梯でのぶら下がりなどで力強さを高めます。動きを持続する能力を高める運動では，持久走や短なわなどの連続跳び，ダンスなどを行い，持続する能力を高めます。　（計良）

体育の授業づくり Q&A　体つくり

Q 「体の動きを高める運動」2年間の割り振り

体の動きを高める運動はたくさんありますが，高学年の2年間でどのように取り組ませたらよいですか。

A 5年生では，体の動きを高める運動の行い方にはどのようなものがあるか，どのように動きを工夫すると体の動きを高めることができるのかを学ばせながら，体の動きを高められるようにします。6年生では5年生で学習したことの中から自己の体力に合った運動を選択させ，より自分に合った高め方を工夫しながら体力を高められるようにします。例えば，巧みな動きを高めるための運動を行う場合，5年生では，短なわや長なわ，ボール，平均台などを使った高め方を知り，その工夫のしかたを学びます。6年生では，どの運動が自分に合った高め方かを考えて選択し，工夫しながら自己の体力を高めていきます。以下を参考にしてください。

> 5年生：運動の行い方を知る
> 　→工夫のしかたを知り，高める
> 6年生：自己に合った運動を選ぶ
> 　→工夫して運動し，高める

（計良）

Q 体の動きを高める運動の工夫について

体の動きを高める運動では，基になる動きをどのように工夫させるとよいですか。

A 体の動きを高める運動では，それぞれの運動に「基になる動き」が例示されています。それらを自己の体力に応じて工夫させながら運動することが重要です。動きの工夫として，「時間」，「空間」，「人数」，「用具」を変えることがポイントになります。時間の工夫では，行う時間や回数，速度を変化させます。空間の工夫では，距離や高さ，方向，姿勢を変化させます。人数では1人で，2人で，みんなでと，取り組む仲間の数を変えます。用具の工夫では，ボールなどを使う場合，大きさや重さ，形などを変えます。いずれも簡単な動きから始めて，できたら動きを工夫しながら負荷をかけ，自己の体力に応じて楽しく高められるようにしていきます。子どもたちが考えた動きを全体で取り上げたり，教師から「こんな動き，できる？」と紹介したりして，ねらいに合った動きで高められるようにすることが大切です。

（計良）

Q 体の動きを高める運動における主体的・対話的な学び

主体的・対話的な授業づくりをするためには，どのような授業を展開するとよいですか。

A 主体的・対話的な授業づくりをするためには，子どもたちが自己の課題を見付け，その解決のために工夫して運動したり，仲間と協力して取り組んだりすることが必要です。また，運動の日常化につなげるためにも，運動の楽しさや喜びを味わうような活動を展開することが大切です。そのために，まず体の動きの自己チェックで課題を把握させ，日常生活のなかやスポーツを行ううえでの体力の必要性を理解させます。必要感が高まることで，やらされるのではなく，主体的に運動するようになります。

次に体の動きを高めるための基になる動きを行い，自己に合った高め方になるよう工夫して運動できるようにします。その際に工夫した動きを仲間と共有したり，動きのコツを伝え合ったりすることで，子どもの見方・考え方が広がり，対話的な学びにつながります。活動を通して，数値の向上やスムーズな動きが実感できれば，意欲が高まり，さらに主体的に運動するようになります。　　　（計良）

Q 体の動きを高める運動の深い学びについて

深い学びをしている姿とは，児童のどのような姿のことですか。

A 体の動きを高める運動における「深い学び」の姿とは，以下のような姿と考えます。
・自己の課題を見付けている。
・課題の解決に向けて，高め方や運動の行い方を工夫しながら運動している。
・自己の体力に合った運動の行い方や工夫のしかたを選んで運動している。
・仲間と考えたことを伝え合ったり，認め合ったりしながら運動している。
・これまでの経験や既習事項を相互に関連付けながら運動している。
・仲間と共有した工夫や，動きのコツを，自分の運動に生かして，体の動きを高めている。
・学習したことを日常の生活の中で生かして運動している。

「深い学び」の実現に向けて，体力の必要性とその高め方や工夫のポイントがわかり，自分に合った高め方ができるようになる授業づくりが必要です。そして，体力の高まりを実感させ，日常化につなげることが重要です。

（計良）

体育の授業づくり Q&A　器械

Q 器械運動で技を見せることができません

特に高学年で，手本となる技を子どもの前ですることができません。どうしたらいいでしょうか。

A 前提として，小学校で学習するマット，とび箱，鉄棒の基本的な技は，できれば習得していただきたいです。以下は，習得できていない場合の回答となります。

クラスにできる児童がいれば，その児童の動きを参考に技のポイントを解説するようにします。あるいは，「デジ体」(光文書院)などのデジタル教材の動画や，体育科の副読本の連続写真やイラストを活用して指導しましょう。また，学習カードに技の連続写真と技のポイントを示す方法もあります。

「イラストや動画を見ても，その技のポイントをどのように指導すればいいのかわからない」という悩みを聞いたことがあります。その場合は，『学習指導要領解説体育編』，「小学校体育（運動領域）まるわかりハンドブック」や文部科学省がYoutubeで配信している動画，市販の体育科副読本の教師用指導書やデジタル教材などを参考にして，技のポイントを習得するための体の動かし方や場の工夫，授業展開について教材研究してください。

(水島)

Q 器械運動の場づくり

器械運動で，時間ごとに適切な場を設定するにはどうしたらよいでしょうか。

A 『学習指導要領解説体育編』の技の系統表と，年間指導計画を参考に，当該単元で指導する技を決め，それらの技を適切に学習できる場を設置し，技に必要な能力や体の動かし方を身につけられるように工夫しましょう。

また，設置した場は技のつまずきを解決できる場である必要があります。そのために，技ごとの課題が何であるかといった知識を修得し，児童が技を学習するうえで不足している能力や体の動かし方が何かを把握して，指導できるようになりましょう。

器械運動には多くの技がありますが，同系統の技には，共通した技術が含まれています。つまり，同じ場でも複数の技を練習することができます。

これらの情報(知識)を児童に伝え，場ごとに「何を身につける場であるのか」を指導して，児童が自分で場を選んで活動できるようにしましょう。

(水島)

Q 器械運動の課題やめあて

器械運動で，課題やめあてをどう設定するとよいでしょうか。

A 当該単元の学習課題を明確にして，その目的（技）を達成するための目標（能力と体の動かし方）を設定する必要があります。

子どもによって目的も目標も異なりますが，器械運動の技を学習する場合には，学習する技の系統をもとにそれらを設定することで，効果的に学習を進めることができます。

例えば，マット運動の接転技（前転・後転グループ）には，多くの例示技が示されていますが，身につける能力と体の動かし方は，ほとんど共通する内容です。それは，「体を丸めて転がる」と「勢いをつける」の2点になります。そこに「前なのか・後ろなのか」，「膝をのばすか」，「倒立が加わるか」などの形の変化があり，それぞれの技となります。

つまり，接転技の共通課題は「どうやったら勢いよくまわれるのか」になり，それに向けて教師が指導内容を考え，場の工夫を提示する必要があります。この共通する内容をクラスの共通課題として設定することで，指導する内容と評価も明確になります。　（水島）

Q 器械運動の教え合いについて

器械運動で，子どもたちの教え合いがうまくいくような工夫はありますか。

A 子どもどうしでの教え合いの活動で大切なことは，教師から見る視点を提示しているかどうかです。見る視点を提示していない場合，子どもたちは，一瞬で過ぎ去ってしまう運動を見て教え合うことはできません。見る視点をもとに，繰り返し観察していく中で，子どもたちの「観る目」が育ちます。

課題別でグループ分けすると，共通課題を解決する活動になり，見る視点が明確になります。ただ，教え合う友達を頻繁に変えてしまうと，教え合い活動は難しくなるので注意しましょう。

器械運動の技は，非日常的な運動がほとんどです。よって，学習する技のポイントは，教師から学習者にある程度提示しましょう。手本動画が確認できる場やＩＣＴ機器，副読本など技のポイントが示された資料を用意するとよいでしょう。ただし，その技のポイントを行うための体の動かし方などは，学習者から引き出すことが教師の役割です。（水島）

体育の授業づくり Q&A　器　械

Q 学習指導要領解説に例示されている技

学習指導要領解説に例示されている技には，全員がすべて必ず取り組まなければなりませんか。

A 例示技は，小学校〜高等学校の12年間での学習をもとに，高等学校から逆算して考えられた技の習得の目安です。

つまり，技の学習において，何のつまずきもなくスムーズに技を習得できた場合のシミュレーションになっているということです。よって，必ずしも例示技を当該学年で習得しなければならないということではありません。クラスの状況に応じて，臨機応変に対応してください。ただし，同系統の技には必要な能力と体の動かし方に共通する点が多く，これらを身につけることで少しずつ発展技ができるようになります。

技ができないから何もしないではなく，その技の習得に役立つ運動遊びや基本的な技を学習させてください。

また，改訂された小学校学習指導要領解説には，「易しい場での○○」，「補助○○」という新しい技が取り入れられています。このような取り組みやすい技に挑戦して，正しい技の形を学習することも大切です。　　　　（水島）

Q 器械運動の主体的・対話的で深い学び

器械運動で「主体的・対話的で深い学び」とするための，ヒントを教えてください。

A 授業前の単元計画，本時の計画が重要です。まず，1単位時間の授業の課題を設定します。各時で児童に振り返らせる内容は，ゴールイメージに対して「どうやったらできたか」を問うなど，明確にして計画を作成してください。そのためには，学習の局面でどのようなつまずきが発生するのか，事前に授業者がシミュレーションできていなければいけません。問いかけをするときは，児童に何を答えて欲しいのかをはっきりさせておきましょう。

そして，児童が授業の見通しをもつことも大切です。例えば「最後にグループで確認する」など，その授業で行う活動は授業の最初に伝えましょう。

学習過程については，スパイラル型でもステージ型でも「主体的・対話的で深い学び」を実現することは可能だと思います。ただし，ステージ型の場合は，そのステージで身につける課題ができないと次のステージへ進められないので，スパイラル型の方が活発な学習になりやすいと思います。　　　　（水島）

Q 苦手意識をもつ児童・意欲の低い児童

器械運動に苦手意識をもつ児童，取り組む意欲の低い児童への指導のヒントを教えてください。

A　どんな児童でも，授業がおもしろいと感じたり，興味のある活動であったりすれば，すすんで活動すると思います。そのための教師の教材研究は重要です。

　まず，授業で扱う技や練習を限定し過ぎないことです。できない技にしか取り組めない授業では，意欲は高まりづらいでしょう。そして，技ごとに必要な能力と体の動かし方が何であるのか教師が理解し，その技に必要な能力や体の動かし方を身につけられる場の設置や練習課題の提示をする必要があります。

　器械運動の技は，同系統の技であれば，必要な能力と体の動かし方に共通性があり，一つの運動遊びを行うことで，複数の技に役立ちます。そのうえで，例えば，転がるために必要な能力を身につけるために，複数の運動遊びを組み合わせて，準備運動のルーティンを作成し，単元の間，帯状で3分〜5分ほど行うとよいでしょう。このルーティンは，みんなが動くことのできる易しい運動遊びで，ゲーム性を含むなど，子どもが興味を持つものを考えましょう。
　　　　　　　　　　　　　　　　（水島）

Q 全員に指導する時間が取れません

苦手な児童の指導にかかりきりになってしまいます。

A　そのときの学習状況にもよりますが，運動の苦手な児童にかかりきりになってしまうのであれば，学習課題や場の設定を確認して，学習局面を変える必要があるかもしれません。例えば，苦手な児童でも活動的に動ける技につながるルーティン（感覚つくり運動）をクラスの課題として設定してみましょう。技につまずくのであれば，そのルーティンを何度か行ってから技に挑戦するといった学習過程を設定しましょう。この感覚つくり運動は，できる児童にとっても発展技の学習に役立つ教材です。

　そして，苦手な児童を指導する場は，その児童に対する指導に夢中になってクラス全体の状況把握ができていない，という事態に陥らないように，苦手な児童を指導しながらでも全体を見渡せるところに設置しましょう。

　また，座学では隙間時間を有効活用して，その科目が苦手な児童の指導をされているはずです。体育も同じように，隙間時間を有効に活用して苦手な児童を指導できないかを考えてみましょう。
　　　　　　　　　　　　　　　　（水島）

体育の授業づくり Q&A　　器　械

技能差があるクラスでの器械運動指導

クラスの中で，個人の技能差が大きい場合の，指導のヒントを教えてください。

まず，学習課題に必要な能力や体の動かし方は，何であるかを確認しましょう。確認できたら，学習課題に必要な能力や体の動かし方を身につけるための運動遊びを何種類か組み合わせて，単元期間中，帯状で準備運動の中に組み入れて学習を展開します。その運動遊びの動きから子どもたちの能力を確認します。このような活動をすることで，今すぐに技ができなくても，将来，技を習得するための種や養分を子どもたちに受け渡したことになります。

また，活動班ですが，単元前半では通常の生活班でいいですが，単元後半では同じ課題やめあてを持った学習者どうしで活動することで，場や課題が同じなので教え合いなどが発生しやすく活動的な学習につながりやすくなります。あるいは，単元の期間中，班を固定して活動しましょう。こうすることで，長い時間同じ学習者と活動することになり，何に困っているのか，何が得意なのかを把握でき，教え合いの活動がし易くなります。そのためには，単元の目標と課題を明確に設定して，子どもたちへ的確に伝える必要があります。
　　　　　　　　　　　　　　　　　（水島）

器械運動での声掛け

児童にどのような声掛けをしたらよいでしょうか。

目的に合った動きをしていたら，褒めましょう。そして，できていない児童に対しては「こうすれば，技の動きに近づく」「技に必要な能力を身につけられる」という声掛け，できた児童には「もっとこうしたら動きがよくなる」「（指導中の学年より）上の学年の技ができるようになる」など，モチベーションを上げる声掛けをしましょう。

具体的な技ごとの声掛けの内容は『小学校学習指導要領解説体育編』の「運動が苦手な児童への配慮の例」が参考になるでしょう。体育の技ごとのポイントが載っている，体育の副読本や動画教材も参考になるはずです。

技ができないとき，子どもたちが聞きたいのは「どのように体を動かしたらできるのか」です。例えば開脚前転ができていない場合，子どもは脚を伸ばしたつもりで実施した結果，まだ脚が伸びていないケースが多いです。声掛けの内容は「もっと脚を伸ばして」ではなく，「こうすれば脚が伸びるよ」といった内容にするとよいでしょう。
　　　　　　　　　　　　　　　　　（水島）

Q 組み合わせ技やシンクロの指導

組み合わせ技やシンクロの指導は，どう行ったらよいでしょうか。

A 組み合わせ技やシンクロのみで単元を構成するのは難しいと思います。例えば，6年生で取り組むためには，5年生の段階で各児童がある程度，技を習得していることが必要です。連続技や組み合わせ技は，学習のまとまりとして単元の中に用意するより，単技ができるようになったら「この技とあの技をつなげてやったらどうなるかな」や「どんなつなげ方があるのかな」と提示して，単元のまとめとして行うことによって，中学校で学習する演技の基礎作りに役立ちます。

また，全員が単技をできるようになってから，「さあ組み合わせよう」という時間を取るのは厳しいので，できる技を連続したり組み合わせたりさせるイメージで取り組みましょう。できる子には，マット運動であれば，バランスから前転，前転からバランスなど，動から静になる動きを入れれば難易度が上がります。シンクロを授業で扱う場合，レベル別に3段階で分けて，準備運動的に扱うなどするとよいでしょう。準備運動なので，みんなでできる技で楽しんで行いましょう。（水島）

Q 低学年の運動遊びについて

運動遊びの目的を教えてください。また，準備に時間がかかってしまうのですが，手立てはありますか。

A 低学年の運動遊びの目的は，運動遊びなどの動きを活用して，中学年・高学年で学習する器械運動の技に必要な能力や体の動かし方を身につけることです。

また，学習者の現時点での運動能力を確認できる運動でもあります。例えば，鉄棒で「ぶたの丸焼き」を行ったとき，脚を振り上げたり，腕を曲げて体を鉄棒に引きつけられなかったりすると，逆上がりに必要な体の動かし方や能力が十分でないことから，逆上がりができない可能性があると判断できます。

体育の授業準備は一般的に，担任の先生が事前に行う場合が多いと思います。ただ，カリキュラム・マネジメントを考えて，連続で低学年の授業配置にしたり，中・高学年の後に低学年の授業を設定して，中・高学年の児童に準備をしてもらったりなどの方法もあります。また，準備に競争性を取り入れたり，出しやすく片付けやすいように用具の置き場所や置き方を工夫したりするのも準備時間短縮の手立てとなります。ただし，安全管理には十分気を付けてください。（水島）

体育の授業づくり Q&A　器械

器械運動におけるICT機器の活用

器械運動系の授業では，ICT機器をどのように用いるのがよいでしょうか。

A 器械運動はICT機器との相性がよく，他領域と比べて実践例も多いと思います。動画のデジタル教材があれば，単元の導入時や，つまずいている児童が出てきたタイミングで子どもたちを集めて，プロジェクターや携帯型端末などで手本となる動きや練習例の動画を確認することができます。ほかにも教え合いの補助として，児童が各自で技のポイントを見たり，撮影し合ったりするのに使用するなど，授業のさまざまな局面でICT機器が活用できます。

ただし，児童1人ひとりがもつ体格や感性は異なることから，手本の映像や，そこで示されるポイントを見るだけではわからない児童は間違いなくいると思います。その場合「ほかにポイントを見つけることができたか」と思考を促す発問をする，どのように体を動かせば技ができるか個別に指導するなど，実情に応じて教師側も思考・判断してICT機器を工夫して使用していくことが求められます。
（水島）

鉄棒運動の運動量確保について

学校に設置された鉄棒の数によっては，運動量の確保がしづらいと感じます。手立てはありますか。

A 鉄棒は，器械運動の種目の中で唯一，準備をしなくても設置されている用具です。つまり，マット運動やとび箱運動に比べて，準備時間が短くて済むことから，活動時間を確保しやすい種目といえます。あとは数の都合で鉄棒に触れていない児童に何を指導するかでしょう。

まず，1単位時間で扱う技を1つの技だけにせず，複数の技を扱いましょう。鉄棒の技には，「上がり技・支持回転技・下り技」の3種類があります。できるだけ，「上がり技＋支持回転技」，「上がり技＋下り技」という組み合わせで学習を展開してみましょう。

また，その単元で扱う鉄棒運動の技に必要な能力や技術を身につけられるような，複数の運動遊びを用意して，それらを組み合わせたルーティンを2～3種類作り，単元期間中，帯状で準備運動の中に組み入れて，全員で行いましょう。このルーティンだけでも，かなりの活動量になります。ただし，簡単な運動遊びを組み合わせてください。
（水島）

Q 器械運動の指導における安全面

器械運動を安全に指導するためのポイントはありますか。

A 単元の始めや本時の始めに、危険性のある事項を子どもたちに伝えましょう。また、危険な活動をしている子どもを見つけた場合には、すぐに活動を停止して、全員を集めて、再度、活動上の留意点を伝えてください。活動時間を削ることになりますが、この行為は非常に大切です。

安全面の指導のポイントは、校内研修会や各自治体で行われている研修会に参加して習得しましょう。

万が一、けがが発生してしまった場合は、けがをした原因を明確にします。そして、その原因を解決する方法を考えましょう。用具の設置場所や用具の状態、あるいは並び方などに問題がないのか検証し、必要に応じて変更しましょう。子どもたちが、技を学習するうえで必要な能力や、体の動かし方を身につけられていなくてけがにつながった場合は、活動内容を変更しましょう。

大けがのときは、その学校の緊急事態対応のルールに従ってください。 （水島）

Q シューズと紅白帽は脱がせた方がいいですか

マット運動やとび箱運動において、シューズや紅白帽は、脱がせて指導したほうがよいのでしょうか。

A シューズの脱ぎ履きは、学校あるいは授業者の考えにより、どちらでもよいと思います。ただし、開脚前転などマットの外に足が出る技をする場合には、シューズを履いていた方が安全です。また、とび箱運動に関しては、踏み切り板を蹴るのでシューズを履いていた方がによいと思います。また、シューズが大き過ぎると、回転中に脱げて足が滑ったり、脱げたシューズが他の学習者に当たったりする可能性があるので注意しましょう。

紅白帽については、単元計画や授業計画の段階で「赤と白に分かれる」活動を入れている場合など、必要であれば活用しましょう。そういった場合でも、技を学習する局面、特にマット運動では、前転や開脚前転、倒立前転、頭倒立、頭はね起き、跳び箱運動では、首はね跳びや頭はね跳びなどで、マットや跳び箱に接地する際、紅白帽がずれて視界を妨げる状態になる場合があるので、このような可能性のある技を学習するときには脱がせてもよいと思います。また、紅白帽のアゴひものゴムが伸びていると、技の途中に脱げて視界を妨げることがあるので注意しましょう。(水島)

体育の授業づくり Q&A　　陸　上

Q 陸上運動の授業における準備運動

陸上運動の授業における効果的な準備運動があれば，教えてください。

A 短距離走で速く走るためには，腕を大きく振ることが重要であり，そのためには，肩関節が柔らかいことが望ましいです。また，ハードル走におけるハードリング（ハードルを越えるときの動き）では，股関節が柔らかいとスムーズに足を振り出すことが可能です。よって，普段行っている準備運動に加えて，肩関節や股関節をほぐすような運動を多く取り入れるとよいでしょう。具体的には，肩回しを多く入れたり，足を前後に振り上げたりするような動きです。

走り幅跳びや走り高跳びでは，「跳ぶ」という動きがあるので，ジャンプの運動を多く取り入れるとよいです。両足で地面を力一杯蹴って高く跳び上がる運動や，スキップをしながら片足で強く地面を蹴って進む運動を取り入れると，走り幅跳びや走り高跳びにおける「踏み切り」の感覚づくりにつながるでしょう。このように主運動につなげるための準備運動を行うことを心がけましょう。　　（陳）

Q 陸上運動における主体的な学び

陸上運動の授業で「主体的な学び」を引き出すための指導の工夫を教えてください。

A 子どもたちが主体的に学習を進めるためには，学習の見通しをどのようにもたせるか，また学習をどのように振り返るかがとても大切になります。

学習の見通しについては，子どもたちが「何を目指して学習するのか」「どのようになることが達成となるのか」がわかりやすい授業づくりをすることが重要です。スモールステップを設定して，段階的な学びの見通しをもちやすくしたり，子どもたちがその場を見ただけで，次に学習することがイメージしやすくなったりするような場の工夫をするとよいでしょう。また，どのようなことができていれば課題達成になるのかという「達成基準」を見えやすくすることも意欲的な学びを導くうえでは欠かせません。

また振り返りでは，今日の学びはどうだったのか，そして次の時間にどのようなことをしたいのかをしっかり振り返ることが，主体的な学びを引き継ぐことになります。（細越）

Q 陸上運動における対話的な学び

陸上運動の授業で「対話的な学び」を引き出すための指導の工夫を教えてください。

A 対話的な学びをするには，そのための学習環境を整備することが大切です。

例えば，ハードル走で友達と動きを見合ってアドバイスし合うためには，「同じ足で踏み切ることができているか」など，どのようなポイントについて見合えばよいのかがわかるようでないと，意味ある話し合いにはなりません。教師にとっては，見合うポイントをどう具体化できるかが大切になります。子どもたちにとってわかりやすい掲示や，学習カードの内容や記載の方法を考えることも大切です。

また，ICT機器の撮影機能を使って「体のバランスをとりながらまっすぐ走っているか」を確認して教え合えるようにしたり，「デジ体」(光文書院)など，手本を確認できるデジタル教材を用いて，動きのポイント，練習方法がわかるようにして学習を進めることも，対話的な学びを促進するうえで大切な授業づくりの視点となります。　　　　　（細越）

Q 陸上運動における深い学び

陸上運動の授業で「深い学び」を引き出すための指導の工夫を教えてください。

A 「深い学び」としては，習得・活用・探究といった学びの過程の中で，これまでに学んだことを結びつけてより深く理解したり，さまざまな情報をもとに考えを形づくったり，問題を見つけて解決方法を考えたりする学びの姿を見通すことができます。

走り幅跳びの学習で考えれば，助走のポイントと踏み切りのポイントを結びつけて考えることを通して，助走から踏み切りへのスムーズな移行について理解することや，短距離走と走り幅跳びの助走の走り方の違いに気付くことで，助走の勢いをより効果的に踏み切りに生かせるようになるなど，それまでの子どもの学びが次の発見や新たな課題解決につながっていくような授業づくりが目指されます。そのためには，教師が教える場面と子どもたちが気付きをもって学びを進める場面のバランスを45分や単元の中でどう設定するかを考えることが大切になるでしょう。

（細越）

体育の授業づくり Q&A　陸　上

Q　陸上運動領域を通じて目指す子どもの姿とは

陸上運動領域の授業で目指す子どもの姿を具体的に教えてください。

A　体育授業や運動生活の中で，子どもたちがさまざまな運動に触れる機会は，昔より増えているように感じます。しかし，「体をダイナミックに力強く動かすことができているか」という視点で見たとき，物足りなさを感じることも少なくありません。陸上運動は，走る・跳ぶ・投げるという動きを思い切り行うことができる領域です。『小学校学習指導要領解説 体育編』に「最後まで全力で走ることや思い切り地面を蹴って踏み切るなど，体全体を大きく，素早く，力強く動かす経験をすることができるようにすることも大切である」(p.29)とあるように，この領域では，子どもたちが自分の全力を知るとともに，思いのままに思い切り運動できるような姿が求められています。そのために，「動きの獲得」と「動きの質の向上」の両方を視野に入れたスモールステップをうまく設定することが大切になります。
　　　　　　　　　　　　　　　　（細越）

Q　よい動きを引き出す場づくりについて

児童のよい動きを引き出すための場づくりのポイントを教えてください。

A　児童のよい動きを引き出す場づくりは「より速く走るためには」，「ハードルをよりスムーズに走り越えるためには」，「より遠くへ，高く跳ぶためには」といった視点をベースに考えていくとよいでしょう。
　走り幅跳びを例にすると，「リズミカルな助走」，「力強い踏み切り」，「かがみ跳びからの両足着地」が習得すべき主な技能になります。これらの技能の習得を促す場の設定をしていくとよいでしょう。

「リズミカルな助走」の場…メジャーを置いて自分に合った助走距離や歩数で助走して踏み切りへつなげる練習をする。
「踏み切り」の場…踏み切り板や跳び箱の1段目を使って，力強く踏み切る練習をする。
「両足着地」の場…エバーマットなどを活用して，両足で安全に着地する練習をする。
　以上のように，さまざまな用具を活用して，指導する運動の技能に応じた場づくりを検討してみてください。
　　　　　　　　　　　　　　　　（陳）

Q 子どもたちのかかわり合いについて

陸上運動領域の授業は個人運動が主となりますが，その中でも子どもたちがかかわり合って学習を進めるようになるための指導のポイントを教えてください。

A 陸上運動系領域の授業で扱う種目は，リレーを除けば，ほとんどが個人で行う種目となります。課題に取り組む際には，ぜひ子どもたちどうしのかかわり合いをもたせて，授業を進めてみてください。その1つの方法としてペアやグループでの教え合いの活動を取り入れることが挙げられます。同じチーム内でペアやトリオを作って，お互いのスキルアップを目指したアドバイスをさせていきます。

このときに大切なのが，友達のめあてに合ったアドバイスをするように指導することです。子どもたちどうしで「○○の動きがきちんとできているか見て欲しい」といった対話を事前にさせておくとよいでしょう。そのためには，教師が指導する種目の技術ポイントを児童にしっかりと伝えることが重要になります。児童が技術ポイントを理解できるような学習カードや掲示物を用意していくことも効果的です。　　　　　　　　　(陳)

Q 陸上運動におけるICT機器の活用

陸上運動系の授業では，ICT機器をいつ，どのように用いるのがよいのでしょうか。

A 子どもたちが「走る」「跳ぶ」「投げる」のよい動きを身に付けるためには，その手本が必要です。手本となる動画を電子黒板やタブレットを活用して児童に視聴させ，運動の全体像やよい動きのイメージをつかませることが大切です。一流陸上選手の動画や市販のアプリ，デジ体(光文書院)などを活用してみるとよいでしょう。

授業中は，デジタルビデオカメラやタブレット等の撮影機能を活用して，動きの習得ができているか，フィードバックの材料として活用するとよいでしょう。ペアやグループでお互いの動きを撮影し合い，スキルアップを目指して話し合いをすることで，技能の習得が活性化するとともに，子どもたちどうしのかかわり合いも深まります。

ICT機器は使用するタイミングも重要です。手本の動画を確認するなら単元前半から，個人の課題を把握するためや技能の習得状況を把握するためであれば，単元中盤から後半にかけて適宜活用するとよいでしょう。　(陳)

体育の授業づくり Q&A　陸 上

Q 恐怖心にどのように対応するか

子どもたちが怖がらずに取り組める教具の工夫を教えてください。

A ハードル走や走り高跳びでは，児童は用具自体や高さ，ぶつかった際の痛みに対する恐怖心を抱くことが多々あります。

ハードル走では，本物のハードルより低い多様なハードルを活用する方法があります。例えば，ミニハードルやペットボトルハードル，段ボールハードルなど，低い障害物を置いて練習を行うとよいでしょう。また，ハードル自体に恐怖心がある場合は，ハードルの板をスポンジ製の柔らかい素材のものにする工夫もあります。

走り高跳びでは，バーに対する恐怖心を抱く児童が多いので，最初の段階ではゴムバーで学習を進める場を用意することも視野に入れておくとよいでしょう。

安全に運動に取り組める場の設定を行うことで，子どもたちの恐怖心を軽減できるでしょう。『小学校学習指導要領（平成29年告示）解説　体育編』にも配慮の例が記載されていますので，参照してください。　　　　（陳）

Q 陸上運動に意欲的でない児童への配慮について

陸上運動に意欲的でない児童への配慮のしかたを教えてください。

A 陸上運動は個々の運動能力の差が数値で表れてしまうことから，単元前半で記録が低い児童や，そもそも運動が苦手な児童は，学習に意欲的でない場合があります。そのような児童には，「①動きの指導を易しく具体的にする」，「②個に応じた目標記録を設定する」ことを検討しましょう。

①走る・跳ぶ・投げるなどの技術指導では，「〇歩のリズムで力いっぱい跳ぼう」，「〇〇を意識して走ってみよう」など具体的な動きのポイントを明確に示したシンプルで易しい動きの指導を取り入れると，児童は必要感をもってその運動に取り組むことができるでしょう。

②個人が目指す目標を設定し，その目標にどれだけ到達できたか，初めの記録よりどれだけ記録が伸びたかをフィードバックすると，意欲的でない児童も「記録（得点）を伸ばしたいな」，「練習してみよう」という気持ちになるでしょう。　　　　　　　　（陳）

Q 跳系の目標記録の設定について

走り幅跳びや走り高跳びの目標記録の作り方を詳しく教えてください。

A 走り幅跳びでは，助走のある幅跳び（走り幅跳び）で助走なしの幅跳び（立ち幅跳び）の何倍跳べるようになるのかということに挑戦させるとよいでしょう。

具体的には，目安としてスポーツテストで行う「立ち幅跳び」の記録×1.8倍を各自の目標記録に設定させます。1.8倍を達成できた児童には，2倍以上跳べるかにチャレンジさせていくとよいでしょう。

走り高跳びの記録には，各児童の身長と走力が大きくかかわっています。そのことをふまえて，身長と50m走のタイムを手がかりとした「ノモグラム」という目標記録の設定方法があります。

「0.5×(身長)＋110－10×(50m走タイム)」の式に数値を当てはめれば，個に応じた走り高跳びの目標記録が設定できます。

以上の目標設定の方法を活用して，児童により達成感を味わわせる授業づくりを検討してみてください。　　　　　　　　　　（陳）

Q ハードルの高さ，インターバルの決め方

ハードルの高さやインターバルを決める目安を教えてください。

A 中学年では，様々な間隔に置かれた小型ハードルを走り越えられるかが課題となりますが，高学年では一定のリズムで，3歩または5歩の同じ足で踏み切ってハードルを走り越えられるかが課題になります。中学年で調子よく走ることのできるインターバルとそうでないものに気付き，高学年では調子よくスムーズに走ることのできる距離感を知って，一定の動きでハードルを走り越えるようになるのが，この間の動きの発展のイメージになるでしょう。こう考えると，中学年からの学びをふまえて，減速せずスムーズに調子よく走ることのできるインターバルを子どもたちが見つけられるような系統的な授業づくりをすることが大切です。

またハードルの高さは，一般的には50～55cmの設定が多いようです。ハードルの材質をスポンジ製に変えるなど，子どもたちが意欲的に取り組めるような配慮をしながら，積極的な学びを引き出したいものです。(細越)

体育の授業づくり Q&A　　陸　上

Q 意欲を持続するための指導について

子どもたちが単元を通して意欲を持続できるようにする学習計画や指導のポイントがあれば，教えてください。

A 1回の授業をすべて技術練習に使うのではなく，できるだけ毎時間「記録測定」を設けて，日々の記録の変化を把握させることが，単元を通して意欲を持続させるための学習計画や指導のポイントとなります。記録が右肩上がりに伸びていれば，もっと記録を伸ばそうと意欲的に取り組むでしょう。記録が伸び悩んでいる場合は，教え合いやICT機器を活用して，どこの技術ポイントでつまずいているのかを明確にしてあげるとよいでしょう。

また，個人の記録を伸ばすことだけでなく，「グループでどれだけ記録を伸ばせるか」にチャレンジしたり，記録に得点を付けて他のグループと合計得点を競争したりする活動を取り入れるのもよいでしょう。

このような活動を行うことで，集団での達成感や競い合う楽しさを味わうことができ，友達と協力して陸上運動系の学習に取り組もうという意識が芽生えるでしょう。　　（陳）

Q 陸上運動での言葉掛け

陸上運動系の授業で，教師はどのような言葉掛けをすればよいでしょうか。

A 陸上運動系の授業では，「動きのリズム」が課題達成や動きの質の向上に向けて大切になります。走り高跳びの助走で「イチ・ニ・イチ・ニ・サン！」と声掛けしたり，投の運動（遊び）で投げる際のかけ声として「ひらいて・ぱたん・とんで・いけ！」といったリズムを共有したりすることは，この一例です。こうすることで，子どもたちは次の動きをイメージし，準備できるようになります。

このほか，仲間とのかかわりや思考を深めるための言葉掛け，運動が苦手な児童への言葉掛けも積極的にしていきたいものです。

教師の声掛けは，子どもの学びを活発にするきっかけとなります。そしてそのときの教師の表情は，子どもの学びの流れをつくるうえでとても重要です。意味ある学びを促進するためにも，自分がどのような表情で，口調で，間の空け方で，抑揚で話しているか「子どもにとって意味ある働きかけ」になっているかどうかを，再確認してみませんか。（細越）

Q 投げる力を高めるための授業づくり

投げる力を高めるための授業づくりのポイントを教えてください。

A 投げる力を高めるための授業づくりでは、3つのことを大切にしたいと思います。

①様々なボールを用意して投げてみる

効率的で力強い投動作を身に付けるには、様々な種類のボールを投げてみる経験が大切です。それらをたくさん投げる中で、手にしたボールに合わせて動きを調節しながら投げられるようになります。

②投げ方を身に付けるための教材（活動）を行う

体重移動や手首のスナップを利かせた効率的な動きを身に付けることができる教材（例えばバウンド投げやロープスローなど）を積極的に取り入れていくとよいでしょう。

③みんなで達成できるゲーム教材を考える

ペアでのスローイングゴルフのように、仲間と協力して達成するゲーム教材を設定して、仲間とともに達成できる活動は、授業の山場をつくると同時に、子どもたちどうしを結び付けるので有効です。　（細越）

Q 投げる力を高めるための活動の工夫例

投げる力を高めるための活動の工夫例を教えてください。

A 陸上運動系の領域では、「投の粗形態（投げるフォームの基礎）の形成」と「遠くに投げることのできる力（遠投能力）」の育成を目指すことになります。

遠くに力強く投げるための活動として、「ロープスロー」＊があります。斜め上方に結んだロープの端までバトンが届くようにバトンを前方に投げ出す活動です。バトンを持つ手がいちばん後ろにくるように構え、そこから体重移動と上半身のひねりを使ってスムーズにバトンを押し出します。バトンを持ちすぎるとロープが上下に揺れてしまい、バトンが端まで届きにくくなります。

また、活動の工夫だけでなく、「くるくるボール」＊のような教具を使うことも、授業を楽しくする秘訣です。手首のスナップを利かせて思い切りボールを投げると、ボールがくるくると回転するので、投げた本人も見ている友達も、その成果を確認しやすく、見合いや教え合いがしやすくなります。　（細越）

＊：2020年度版「デジ体」（光文書院）に動画を収録予定です。

体育の授業づくり Q&A　水泳

Q 水泳の指導計画の立て方について

水泳の年間指導計画，単元計画，各時の指導案を考えるうえで，気をつけたほうがいいことはありますか。

A とかく水泳は技術を身に付けることのみがクローズアップされがちです。技術向上を目指す過程で得られるさまざまな力が身に付く指導計画を立てましょう。

「年間指導計画」を考える際は，小学校在学６年間で，どのような内容を学び，どのような力を身に付けるのかを系統的に設定します。低学年の水中での基本的な動きから，高学年のクロール・平泳ぎといった泳法までの学びのプロセスを考えましょう。

「単元計画」では各学年の水泳の学習の全体像を考えます。取り組み続けたくなる水泳との出会いや，意欲を持ち続けるための単元途中での思考の揺さぶりなどを考えましょう。

「学習指導案（時案）」では各１単位時間の計画の基本的な流れを以下のように設定するとよいでしょう。
① 導入…本時のねらいの確認・準備運動・シャワーから水慣れ・復習など
② 展開…主となる学習活動
③ まとめ（整理）…学んだ成果や次の課題など
（大越）

Q 「安全確保につながる運動」の指導内容

高学年で新設された「安全確保につながる運動」は，授業で具体的にどのように扱うとよいでしょうか。

A 水中で自分の身を守るために，呼吸を確保しながら一定時間浮いていられるようにする技術と，その大切さを指導します。不意に水に落ちてしまったときに求められるのは，まず焦らないこと。そして，一定時間浮いていられる技術です。泳法と並ぶ「型」のように捉えてしまうと難しい印象になりますが，中学年までに学んできた「浮く運動」と「呼吸法」を活用して，呼吸をしながら長い間浮いていられるようにする，つまり，救助者が来るまで浮いて待てるようにする。そう捉えると１つの「型」を学ぶのではなく，その子の能力に合った浮き方や，状況に合った浮き方・待ち方を考える学習を行うことになります。気をつけたいのは，活動量が少ないことです。動きの少なさから，子どもの体が冷えてしまわないように，毎時の導入で少しだけ行うなど，指導のタイミングや時間に注意が必要です。また，着衣で行うのも実践的で効果的です。
（大越）

Q 水泳の授業前の準備・確認について

他領域と比べて，特に水泳の準備・確認で気をつけた方がよいことはありますか。

A 水泳の単元が始まる前には，他領域以上にしておくべきことがあります。まずは，児童の状態の確認です。最初に泳力調査（どのくらい泳げるのか），毎時に保健調査（水泳を行うのに適した健康状態であるか）を行いましょう。健康チェックカードで睡眠時間や体温，排便，食事の状況などを毎回チェックさせるのもよいでしょう。

また，水泳の単元を実施する期間は，環境の確認が日常的な必須業務になります。プールの水質（残留塩素濃度，pH値，濁りの具合い，水温など），天候や気温（室温），用具の点検（破損はないか，数は足りているか）などを常に管理し，プール管理日誌に記入しておきましょう。これらの準備・確認は，授業を始める直前では間に合いません。日々，注意しておきましょう。

そして，毎時の授業の入水前には，人数確認・健康観察を確実に行いましょう。（大越）

Q 水泳の授業の導入について

水泳の授業の導入では，どのような活動をするのがよいでしょうか。

A まず，安全管理のシステムを構築するとよいでしょう。人数確認などは，バディチェックで済ませられる方法を確立しましょう。

準備運動は主運動につながる運動を取り入れましょう。低・中学年の水泳では，動的な運動を主に，全身バランスよく行うことを心がけましょう。高学年では泳法を扱うので，クロールを意識した肩回し，呼吸を意識した首回し，キックを意識した足の甲伸ばしなどを行いましょう。平泳ぎでは股関節回し，アキレス腱伸ばしなどを行うとよいでしょう。

水慣れでは，シャワーを頭から浴びさせます。そして，いきなりプールに入るのではなく，プールサイドに座って元気よく腰掛けキックから行い，自然に水が体にかかるようにしましょう。下から徐々に水をかけ，入水は焦らずゆっくり行います。水に入ったら子どもたちの学習状況に合った楽しい遊びで，さらに水に慣れさせましょう。（大越）

体育の授業づくり Q&A　　水　泳

Q　水泳の実技指導に不安がある場合

水泳が不得意で，子どもに教える自信がありません。また，教師は必ず水に入らなければなりませんか。

A　「水泳が不得意で，教える自信がない？」…チャンスです！　できない子どもの気持ちや，できるようになるプロセスを，身をもって学ぶことができます。その経験こそ，子どもたちを指導するのに絶対に役立ちます。指導者は初めからできる「天才」である必要はありません。むしろ，その逆だと思います。

体育科の目標である「豊かなスポーツライフ」に子どもたちを導くためには，その楽しさや価値を感じてもらえる授業を行うことが大切です。水泳は，楽しくて学ぶ価値のある運動です。それを教える教師が，水泳の楽しさや価値を身をもって知っていれば，それを子どもたちに力強く伝えることができますね。

まずは，他の教師や子どもたちと一緒に，水に入りましょう！　そして一緒に楽しみましょう！！　徐々に指導することへの不安が薄れていくとよいですね。　　　　（大越）

Q　水泳領域の「主体的・対話的で深い学び」

水泳で「主体的・対話的で深い学び」を行うために，何が重要でしょうか。

A　主体的な学習とするには，自ら「学びたい」と思わせることが重要ですね。まずは「やってみたい！」，「できるようになりたい！」，「どうすればできるようになるのか知りたい！」と思わせる教材との出会いを設定しましょう。興味・関心をもたせるような伝え方をしたり（発問するのもよいですね），水泳が得意な先生であれば，自らかっこいいデモンストレーションを見せたりするのもよいでしょう。

対話的な学習を進めるには，バディやトリオ（3人組）による教え合いの学習がおすすめです。友達どうしで動きを見せ合い，アドバイスをし合うようにするとよく，これは安全管理にもつながります。

このような学習方法は，深い学びに誘ううえでも効果的です。思考を促すための発問をしたり，思考の土台となる基本的な知識を伝えたりすることも取り入れましょう。（大越）

Q 水に入ることを嫌がる児童について

水に入ることや，水に顔をつけることを嫌がる児童への指導のポイントを教えてください。

A 水に対する恐怖心を取り除く必要があります。水に慣れていない児童にとって，水の中へ入ることそのものが大きなストレスです。したがって，低・中学年の学習活動はもとより，高学年においても，導入段階においては，より細やかなスモールステップを確立しましょう。水慣れの活動で，水の中は楽しいと思えるような工夫をしましょう。

水が顔にかかることに抵抗感がある児童には，楽しい遊びの中で，自然に水がかかるような工夫をするとよいでしょう。この際，特に重要なことは"水深"です。不安なく，のびのびと活動できる水深を選びましょう。

また，プールの壁や補助具を利用したり，バディどうしで補助をし合ったりなど，安心感をもたせる工夫も大切です。繰り返し不安のない楽しい活動を行うことで，恐怖心を取り除き，水の特性を味わえる余裕をもたせましょう。　　　　　　　　　　　（大越）

Q 「もぐる・浮く」の指導について

特に低学年で，もぐれない児童，浮けない児童への効果的な指導方法を教えてください。

A 伏し浮きや背浮きで，頭が上がり，脚が沈んで，うまく浮けない児童がよくみられますね。浮くための力（浮力）を十分に得るためには，体の各部位を，しっかりと水の中に浸すことが必要です。まずは頭をしっかり水に入れること。だるま浮き以外は，体の力を抜いて，水の中でバランスがとれるようにしましょう。

児童が「もぐれない」のも「浮けない」のも，水に対する恐怖心が原因であることが多いです。もぐれない児童はもちろん，浮けない児童も，水に対する恐怖心や水が顔にかかることへの嫌悪感があり，頭を水に浸すことが困難である場合が多いです。そのような場合には，楽しい水慣れの活動を十分に行うなど，恐怖心を取り除くことを重視しましょう。

また，浮く学習をする際，もぐる学習を並行して行うことで，水の中から「浮いてくる実感」が得られます。「もぐる」と「浮く」はセットで考えるとよいでしょう。　　　　　（大越）

体育の授業づくり Q&A　水泳

Q クロール・平泳ぎの指導について

クロールの横向き呼吸と，平泳ぎのかえる足がうまく教えられません。

A

泳法の学習において共通して大切なことは，泳ぎの土台をしっかりとつくること。すなわち，「泳ぎの姿勢」をつくり，その姿勢を保ちながら「キック」と「手でかく」動きを行うことです。水面に対して体を平行にする姿勢は，水の抵抗を避けるのに適した「泳ぎの姿勢」です。手足をしっかりと伸ばし，頭を水に入れ，その姿勢のまま，キックをしたり，手で水をかいたりすることができれば，水中を進んでいくことができます。

クロールの横向き呼吸は，泳ぎの姿勢を崩さないようにしながら，ストロークに合わせて呼吸をする方法です。通常，頭の先を上げると，上がった瞬間に腰が下がり，泳ぎの姿勢が崩れてしまいます。そうならないように，頭から背骨を中心とした肩の「ローリング」の動きに合わせて，タイミングよく横向きに顔を上げましょう。ローリングは，肩の付け根から回すストロークを行えば自然にできます。コツは，大きなストロークを心掛けること。頭を上げないようにするためには，「伸ばした腕に耳の後ろをつけるようにしよう」，「横の景色を見よう」，「水を飲むのが怖いなら前を見るより天井（空）を見よう」などの声掛けも有効です。

かえる足は，未経験の児童や苦手意識のある児童が，いきなり水の中で行うのは難しいので，まずはプールサイドで，バディと協力しながら動きを学び，かえる足の動きに体が慣れるまで繰り返しましょう。補助するほうも，関節のつくりを知り，動き方を学ぶ時間であることを意識させましょう。

その後は，
① 腰掛けキック（目で確認しながら）
② 壁キック（補助をし合いながら）
③ ビート板を使って
……というように順を追って行っていきましょう。ここでも土台となる「泳ぎの姿勢」を意識しましょう。

動きのポイントがいくつかあります。
① ひざを曲げて足をお尻に引き付けたときに足首をしっかりと曲げ，蹴るときにつま先を外側に向けること。
② 足首の曲げとつま先を外側に向けた形をキープしたまま丸く蹴り，足首を伸ばすのは最後にすること。
③ よくない蹴り方は反復せず，1回でも2回でもよいので，よい動きができることを目指し，それができてから反復すること。
このようなことに留意しましょう。

（大越）

Q 水泳の授業中の安全確保について

水泳運動系の授業で、安全を確保するためのポイントを教えてください。

A 水泳は、ひとたび事故が起こると生命にかかわることから、子どもたちが自ら安全に気をつけられるように指導することが大切です。まずは、活動におけるルールを決め、そのルールをしっかりと守るように指導しましょう。バディチェックなどを活用し、互いに安全確認を行うようなシステムを確立しておきましょう。

教師による安全管理の徹底も重要です。P.55「水泳の授業前の準備・確認について」も参照してください。

「習熟度」や「身長」などによって適する水深が違うため、プールの底の傾斜、幼児用プール、プールフロア等により、可能なかぎり水深を調節するなどの工夫も大切です。

授業中は、「活動場所を限定し、混雑しないようにする」、「死角をつくらない（指導者どうし連携して死角をカバーするなど）」、「上から監視する人を置く」などが考えられます。

これらの配慮には、学級の枠を超えた合同展開や学年単位での集団指導、チームティーチングなどの工夫が必要になります。（大越）

Q 児童に伝えるべき「水泳の心得」について

どんな児童にも確実に伝えるべき「水泳の心得」のようなものはありますか。

A ここでいう「水泳の心得」は、水泳の授業が行えない場合にも、必ず伝えるべき内容のことです。授業だけでなく、日常の水泳活動も含めた事柄としては「体調が悪いときは水に入らない」、「装飾品は外す」、「爪を切る」、「入水前にシャワーを浴びて体を水に慣らす」、「準備運動をしっかり行う」、「プールサイドは走らない」、「プール（各施設）のルールを確認し、守る」、「ふざけて溺れる真似をしない」などが考えられます。水辺（海・河川など）活動での注意点も含めて、特に夏休み前には確実に伝えましょう。

授業に関することとしては、「トイレに行くときには、必ず声をかける」、「合図のルールに従う」、「教師の話をよく聞く（話をしているときは静かに！）」、「勝手に入水しない（飛び込まない）」、「指定の水着・キャップの着用」などが考えられます。学校や児童の実態に合わせて、適切な項目を設定し、確実に伝えるようにしましょう。

（大越）

体育の授業づくり Q&A　　水　泳

Q ビート板の使い方について

授業内でビート板を有効的に活用する方法を教えてください。

A ビート板は浮力を得るための補助具です。英語圏ではキックボードと呼ばれることが多く、その名のとおり「キックを行うとき」に使います。初心者から競泳選手まで、広く使用される用具です。初心者が使用する場合は、最初はビート板を頼りにして安心感をもたせますが、徐々に頼りにしないようにさせるのがポイントです。

通常のばた足では、ビート板をつかんでしまうと依存心が高まるとともに腕に力が入ってしまうため、手を乗せるだけにするよう指導するとよいでしょう。水面に対して体を平行に保ってキックが打てるようになれば、ビート板に頼らなくなります。

背浮き（〜キック）の際は、体を浮かせて、浮いているビート板におへそをつけるようにします。ビート板は、そっと抱えるようにするのがコツです。

どちらも、頭をしっかりと水に入れて、体を平行に保つことが重要になります。（大越）

Q 水泳でのICT機器や紙の資料の活用について

プール授業でも、ICT機器や紙の資料を使用する必要はありますか。

A 他領域と同様に、ICT機器での撮影や動画確認、紙の資料での動きの確認や学習活動の記録を効果的に授業に取り込めれば、授業はよりよいものになるはずです。ICT機器にとって水は大敵……と思われていましたが、スマホやタブレット型端末には防水のものがありますし、防水カバーが売られているものもあります。画面は小さいですが、防水のデジカメも十分に活用できます。防水の電子機器を用意できるなら、ぜひプールの授業でも有効活用しましょう。

紙についてですが、撥水加工を施したペーパーが市販されています。学習カードなどは、このようなペーパーなら問題なく使用できます。授業中に何度も見て確認するような資料は、ラミネート加工を施して、プールサイドに置いておくのもよいでしょう。　　（大越）

Q 水着の種類とゴーグルの使用について

水泳の授業ではどのような水着がよいでしょうか。ゴーグルは活用したほうがよいですか。

A 児童も教師も，泳ぐのに適した水着であれば，どんな水着でもよいと思います。ただ，飾りの付いたものや，ぶかぶかのサーフパンツなどは，水中で抵抗を受けます。できれば水泳の授業では，体にフィットした水着を選んでもらいたいです。

ゴーグルを活用すると水の中がよく見えるので，水の中の活動の幅が広がり，活動そのものが楽しくなります。目の衛生を保つことにもつながる優れたグッズですので，ぜひ活用しましょう。しかし，水の中で目を開ける体験も，安全上とても重要です。学習のねらいや内容に合わせて，ゴーグルを外しての活動も取り入れるとよいでしょう。　　　（大越）

Q 日焼け対策について

水泳の授業での日焼け対策は，どのようにすればよいのでしょうか。

A たいへん難しい問題で，議論になっています。海では日焼け止めのクリームなどの使用が一般的ですが，プールにおいては水質を低下させたり，ろ過装置に負担がかかったりするなどの懸念から，原則禁止にしているところも多くあります。

個人の対策として，長袖のラッシュガードの使用が考えられます。体にフィットする形状のものを選べば，水泳の授業にそれほど支障はありません。そういったものであれば，おすすめできます。しかしラッシュガードの使用については，学校現場ではためらいがあるようですね。最も優先すべきは，子どもたちの健康です。そのことを念頭に，各学校で適切な判断をお願いしたいと思います。

（大越）

体育の授業づくり Q&A　　ボール

Q ボール運動領域の準備運動とは？

ゲーム・ボール運動領域において，どのような準備運動を行うとよいでしょうか。

A

体と心に分けて回答します。

【体の準備】
① 主運動（中心になる動きや運動）につながる部位を動かす。肩，手首，足首を回したり，グーとパーを繰り返したり，手のひらをもう片方の手でそらせたりする動きなど。
② 主運動がスムーズにできるような動きを取り入れる。キャッチボール，手や足でのパス，シュート，アタックやバッティングなど，単技能の動き。

【心の準備】
③ 音楽を取り入れる。音楽をかけながら教師の動きを真似たり，1人か2人でボール操作を行ったりする。
④ 競争の要素を取り入れる。パスやラリーの回数，ドリブルリレー，シュート・アタック・バッティングなどでボールが届く距離や正確性を競う。

①から④を意識して，単元に合わせた準備運動ができるとよいですね。
(羽賀)

Q 苦手な児童，意欲的でない児童にできることは？

ボール運動が苦手な児童や意欲的でない児童には，どのように関わればよいですか。

A

「やろうとしていることを称賛する」を第一に指導します。苦手な児童や意欲的ではない児童は，結果で評価されることを嫌がります。もしかしたら，これまで「できない」というメッセージを繰り返し受け取ってきたのかもしれません。そういったメッセージを耳にしていたら，運動に対して消極的になってしまうのは当然のことでしょう。例えば，パスをもらえなかったとしても，「君はパスをもらいやすい，すごくいい位置にいたよ！」と，よい行動だったことを伝えます。本人にとっても「今の位置でいいんだ！ 次も同じようにやってみよう！」と意欲が高まりますし，周囲の児童にとっても「〇〇さんは，いい位置だったんだ」と友達のことを認められるようになります。偶然うまくいった例でもいいのでまずは称賛し，次に「やろう」としている意図を褒める。この繰り返しが少しずつ，運動への不安を解消することにつながっていきます。
(小島)

Q 授業中の教師の立ち位置について

ボール運動のゲーム中は,教師はどこに立ってどんな声掛けをすればよいですか。

A 全体を見渡せる位置からの指導が基本です。なぜなら,教師が死角を作ってしまったら,死角にいる子どもたちへの指導ができないばかりではなく,安全を担保することができません。特にゴール型は接触があるため,学年が上がるほど大きな怪我につながる場合があります。必ず,全体を見渡せる位置で指導します。

全体を見渡せる位置で指導をしたら,まずは称賛の声掛けを多く行います。子どもたちが頑張っているプレー,仲間への励ましの声や指示等を認めます。そのうえで,もっとこうしたらよいという助言を行います。

ゴール型でのプレーへの助言では,プレーしている児童の後方から声をかけることがおすすめです。後方に立つことで,子どもと近い目線になり,どちらに空きスペースがあるか見やすく,助言がしやすくなります。

(小島)

Q ルールやマナーの指導について

ルールを守らない,マナーが悪い児童には,どのように指導するとよいですか。

A ①**ルールやマナーを守る児童のよさを,全員の前で称賛しましょう。**
「ちゃんと応援場所で,座ったまま応援していたね」,「負けたけれど,きちんと挨拶できたね」など,できるだけ具体的な言葉で伝えることがポイントです。学習カードに書かれた内容を,共有するのもよいでしょう。

②**できなかった児童が,少しでもできるようになったら,称賛しましょう。**
これまでの態度と比べてどう変わったかを,具体的に指摘できるとよいでしょう。

③**個別に課題を与えましょう。**
課題は1つに絞り,それが達成できたら称賛して,次の課題を提示します。児童の「悔しい」,「うまくいかない」といった気持ちに寄り添いながら,よりよい行動を伝えましょう。

(羽賀)

体育の授業づくり Q&A | ボール

Q ゲームのルールの工夫について

ルールの工夫をするために子どもの意見を聞くと、広がりすぎて収拾がつかなくなってしまいます。

A

ボール運動系では、ルールを工夫してみんなでゲームを作り上げていくことは、思考力・判断力・表現力等を育成するうえで大切です。みんなの意見を聞いてあげたいという気持ちはよくわかりますが、収拾がつかなくなったり、ルールが複雑になってかえってゲームが滞ったりします。そこで留意したいのは、「工夫の視点を明確にする」ことです。例えば、「みんながシュートを打てるようにするには」、「パスをしやすくするには」など、ゲームの様相から困り感を抽出し、ルールの工夫により解決したい課題を絞り込んで、工夫の視点として提示すると、子どもたちのアイデア（意見）も的が絞られてきます。そうすると、子どもたちにとっても自分の意見がルール作りに貢献する可能性が高まりますから、意見を出す意欲も高まります。また、学習過程としては、ルールの工夫は単元を通してずっと行うよりも、前半に集中して行い、後半は固定したルールで、作戦を立てることを学習の中心に据えると学びやすいでしょう。

(白旗)

Q ボールの選択・チーム決めについて

ボールの選び方やチームの人数を決める視点を教えてください。また、単元の途中でチームは変えたほうがよいですか。

A

硬いボールは転がりやすく、キャッチしにくくなります。また、「痛い」から「怖い」と消極的になり、運動から離れてしまう可能性もあります。誰もが楽しめることを考えるのであれば、「柔らかい」「痛くない」を基本としてボールを選択するとよいでしょう。もし、学校に適したボールがなければ、空気を少し抜くだけでも「柔らかい」「痛くない」ボールになります。

チームの人数は、コートの大きさによって工夫します。20m×10mのゴール型であれば、1チーム3〜4人程度がゲームに出場できるようにします。クラスの人数によっては、ローテーションで出場させましょう。ねらいによりますが、短い単元の中では単元途中でのチーム変更は行わないほうがよいかと思います。チームを決めるには時間がかかりますし、技能を身に付けるのにも時間を要します。運動時間の確保を考えると、繰り返し行うことはおすすめできません。

(小島)

Q 個人の目標とチームの目標について

「自己やチームの特徴に応じた作戦」に関わる学習をどのように進めればよいですか。また，個人の目標とチームの目標が一致しない場合，どのように対応したらよいですか。

A 作戦に関わる学習は，単元前半から後半にかけて，作戦を選ぶ→作るの順番で展開するとよいでしょう。児童の実態によっては，単元を通して作戦を選ぶ学習のみでもよいです。作戦を選ぶ際には，それぞれの作戦の動きや意図が児童に明確に伝わるように，図や絵が記載された資料を提示すると効果的です。また，ICT機器を活用してゲームを撮影し，作戦に関わった場面を視聴させることによって，各チームで作戦の適否を確認することもできます。なお，フラッグフットボールは，1回の攻撃ごとに作戦の適否が確認できるため，作戦の学習に最適の教材（種目）だといえます。

個人の目標とチームの目標を一致させるためには，児童への課題の投げかけ方（課題の焦点化）が重要になります。例えば，授業の始めに「チームの作戦の中での個人の役割」を学習カードに記入させ，授業の最後に個人の役割について振り返る，などといった方法が考えられます。

(須甲)

Q チームミーティングの指導について

チームミーティングのときには，何を話し合わせればよいですか。

A ゲームが始まる前や攻守交替の間の時間に，チームで話し合う場面が設定されます。新学習指導要領における「思考力・判断力・表現力等」の資質・能力を育むことが期待できます。しかし，子どもたちに「話し合う必然性」や「切実感」がなければ，その時間が設定されているだけになります。また，何を話し合うのかを明確にする必要があります。「作戦を立てよう」という発問だけでは，子どもたちに考えさせる幅が広すぎます。シュートが決まる場面を思い出させ，ゴールの近くでノーマークでシュートするといいということを共有し，「その状況をつくるにはどうすればいいか」を考えさせると，子どもたちはアイデアや工夫を出したり，ゲームでそれを試したりするようになります。教師が話し合わせる中身を明確にし，その切実性を醸成しながら意味のあるチームミーティングを支えていきましょう。

(鈴木)

体育の授業づくり Q&A　ボール

Q ボール運動領域の振り返りについて

ボールゲームの授業では，子どもたちにどのような振り返りをさせればよいですか。

A

授業の最後に設定される「振り返りの時間」は，学びを確かめるうえで重要です。ゲームを振り返ると，いろいろな声が上がってきます。「楽しかった」「悔しかった」という情意的なものや，「あのパスがよかった」「相手をうまくかわせた」といった動きの内容などさまざまです。短い時間での振り返りなので，焦点化が必要です。端的に言えば，その授業の「目標」や子どもたちが立てた「めあて」が達成できたかどうか，「課題」が解決できたかどうかを振り返らせます。

チームで振り返ったことを全体で共有する場面では，「なぜそのように振り返ったのか」を教師が問い返すことが大事です。「考えた作戦がうまくいきました」と述べる子どもには，「どうしてうまくいったの？」と聞き返します。「タイミングが合っていたから」とか，「声を出したことでパスがうまく通ったから」という根拠が述べられることで子どもたちの理解が深まり，対話的な学び，深い学びにつながっていくはずです。　　　　　　　　　　（鈴木）

Q ボール運動領域の学習カードについて

ボール運動領域での，学習カードの作り方や活用のしかたを教えてください。

A

学習カードは，目的をもって使用することが大切です。「学習カードから何を得て，どのように活用するか」が作るポイントになるでしょう。ただ感想を書かせるだけでは，活用方法も定まりません。チームのめあてに対して，「今日，自分は何を頑張るのか」を始めに書かせてみてはどうでしょう。そうすることで，振り返りの視点も明確になります。先生のコメントも，子どもたちにとって学びの大きな役割を果たします。高学年であれば，よかったところを称賛しつつ，具体的なアドバイスを記入することが効果的です。

また，ボール運動領域ではチームカードも重要になります。「うまくいった作戦やその理由」を聞くことで，チームの様子を把握し，意図的な支援に役立てることができます。

次時の初めに，先生が意図した記述内容を全体に紹介することで，よりよい学びにつなげられるでしょう。　　　　　　　　　（大澤）

ゲームの勝敗にこだわる子どもについて

Q 子どもがゲームの勝敗にこだわり過ぎるのですが、勝敗をつけないほうがいいのでしょうか。

A ゲームやボール運動で、子どもは「勝ちたい」「点を取りたい」「うまくなりたい」という意欲をもちます。これらは、ゲームやボール運動領域の特性ですから、勝敗にこだわるのは必然であり、むしろ大切にすべきです。学習指導要領はそれを前提に作られています。「勝ちたい」ので「どのように点を取るか」、「どのように相手をかわすか」が課題になります。かわすためには、作戦に加えて「技能」が必要であり、練習する意味がうまれます。子どもにとって最も関心のある「勝敗」がなかったら、何に向かって意欲的に学ぶのでしょうか。また、オリンピック・パラリンピックに関する指導の充実では、ルールやマナーを遵守することの大切さを学ぶことを挙げていますが、その絶好のチャンスでもあります。指導としては、どのチームも勝てるようにするための教材やルールの工夫、勝利に向けて作戦を立てたり、練習したりする行動への価値づけなどが重要です。　(白旗)

運動量の確保について

Q ゲームにうまく参加できていない児童の運動量を確保するための手立てはありますか。

A ゲームにうまく参加できない児童がいるということは、上手にできる子たちだけでゲームを進めることが可能になっていると考えられます。例えば低学年であれば、1人1個のボールを使って的当てゲームをしたり、たくさんのボールを用意してボールに触れる工夫や手立てをとったりすることで解消できます。
　また、ゲームのルールや人数もカギとなります。攻防が入り乱れるタイプのゲームでは、パスのみでゲームを進めるルールを用いると、パスをつなぐことが必然的になり、苦手な子にもパスが回ってくるチャンスが出てきます。また、2対2、3対3といった少ない人数で行うと、どの児童もゲームに参加する状況が確実にうまれます。その結果として、運動量の確保にもつながります。ゲームを行う際に、どの子も参加できるようなルールや人数などの、手立てを講じることが教師には求められます。　(鈴木)

体育の授業づくり Q&A　ボール

Q 投捕の技能差がある場合の指導方法について

投捕の技能に差があるクラスで，技能を身に付けさせるには，どのような工夫ができますか。

A ボールを投げたり捕ったりする技能は，これまでの運動経験による違いが大きく出ます。苦手意識をもつ子どもの中には，ボールへの恐怖心を抱く子も少なくありません。ボールは柔らかい素材のものを選んだり，空気圧を下げたりして，技能の高くない子が安心して運動に取り組むことができるように工夫することがポイントです。また，ボールに触ったら１点，キャッチできたら２点など，規則の工夫を合わせることで，苦手意識をもつ子も「やってみよう」という気持ちが膨らむと思います。まずは，安心してゲームを楽しく行うなかで投捕技能が身につく授業づくりを目指しましょう。

ボールの投げ方や捕り方については，正しい行い方を子どもたちと確認することが大切です。実際に先生が見せたり，動画やイラストなどの資料を活用したりすることが効果的です。技能の高い子の再発見にもつながり，学び合いの視点にもなります。　　（大澤）

Q ベースボール型のバッティング指導について

ベースボール型で，バットにボールが当たらない児童にどのように指導すればよいですか。

A バットにボールを当てるのは，とても難しいことです。経験がない児童や苦手な児童にとってはなおのことです。まずは前提として，ティーボールのように止まっているボールを打つことから始めます。また，バットも太めのものを使ったり，最初はテニスラケットの形状をした軽いタイプのものを使ったりするとよいでしょう。ボールに当てる感覚が身に付いたら，体をひねり，腰を使ってバットやラケットを振る動きができるようにします。スポーツタオルの一方の端を両手で握り，バットのように振ることで感覚をつかませます。右利きの場合は，始めは右足に重心を乗せ，振りながら左足に重心を移動させる感覚をつかませていきます。その際に，ボールをよく見るように声を掛けます。また，大きめのボールを使うと当たりやすくなるので，児童の実態に合わせてボールの大きさを選んでいくことも有効な手段になります。　　　　　　　　　　（鈴木）

Q サッカーの技能が足りず，ゲームが成立しません

サッカーの授業では，ボールを足で扱うことの難しさからゲームが成立しません。どのような工夫ができますか。

A 第1に，空気を抜いた多少重さのあるボールを使用するという工夫があります。蹴る・止めるなどの動作をする際，浮き球になりにくく，パスやボールを止める動作のコントロールをつけやすくなります。また，ボールが転がりにくくなるので，ゲーム中にボールがコート外に出ても，ボールを拾いに行く時間が削減され，実質的なゲーム時間を確保することにもつながります。ボールの重さについては，低・中学年であれば，250g程度，高学年であれば350〜450g程度のボールを使用するとよいでしょう。

第2に，蹴る・止めるなどのボール操作に関わる学習活動を，単元を通して導入段階に設定する工夫を挙げることができます。その際，パス交換などの学習活動について，同じタイム内での回数を毎時間学習カードに記録すると，毎時間の記録の変化を児童に実感させることができます。

ゲームでは，コートの中央などに守備者が入れない攻撃者側専用のフリーゾーンを設けると効果的です。

(須甲)

Q ゴール型ゲームの動きの指導について

ゴール型ゲームでどこに動いたらいいかわからない児童には，どのように指導したらいいですか。

A ゴール型ゲームは，展開が目まぐるしく変化し，それに伴って攻防や役割も変わっていくことにより，何をすればよいかわからなくなってしまう子どもが出てきてしまうことがあります。そのような子も，「○○したときに（いつ），△△で（どこで），□□をする」といったように，動きを焦点化することで，自信をもって動くことができるようになります。

「いつ」動くかは，チームで約束ごとを決めて繰り返し練習するとよいでしょう。「どこで」は，ケンステップやミニマーカーなど目印になるものを置くことで，視覚的に捉えやすくなります。初めのうちは，動き出すタイミングを先生が知らせるとよいでしょう。

ゲームの中で意図した動きが見られた場合は，迷わず称賛しましょう。みんなが作戦をもとにした協同的なプレーを行うことに心地よさを感じ，達成感や成就感を味わう場面が多くなるはずです。

(大澤)

体育の授業づくり Q&A　ボール

Q ネット型の「アタック」指導について

アタックの指導がなかなかうまくいきません。よい手立てはありますか。

A アタックについて「助走して高く跳び，腕をしっかりと振り切る」という理想のイメージをもつ児童は多いです。ただし，そのようなアタックは，いきなり体得できるものではありません。従って，小学校体育の授業，特に初心者指導では，段階を踏んで指導する必要があります。

まず，自分で投げたボールをジャンプしてキャッチするところから始めます。斜め上方にボールを投げ上げて1・2・3のタイミングで跳び，顔の横でキャッチします。それができるようになったら，1・2・3のタイミングで跳ぶところまでは変わりませんが，手を上に伸ばし，手首を斜めに傾けた腕を顔の横にセットし，ボールにヒットさせます。それができるようになったら，ボールが当たる瞬間に伸ばした腕を少し後ろから振るようにします。すると，ボールはドライブ回転して前方へ飛びます。うまくできる児童には，手首のスナップを教えてもよいでしょう。

（福ケ迫）

Q ネット型ゲームの「連係プレー」とは？

「連係プレー」とは具体的にどのようなもので，どのように指導するとよいでしょうか。

A ネット型ゲームは，基本的にはネットでコートを分けて，相手の攻撃を受け止め，攻撃するゲームです。その中心的な課題が「連係プレー」です。連係プレーとは，相手の攻撃を受け止め（レシーブなど），そのボールをセット（トスなど）し，相手コートにアタック（攻撃）する動きを連係して行うことです。

連係プレーを組み立てるには，自分以外の味方がボール操作をするときの動きが大事です。ボール操作をする味方に体を向け，フォローができるようにします。セットは，ネット際にアタックしやすいボールを送るよう心がけます。

守備時は，ベースポジション（定位置）に戻り，相手コートのボールへ体を向け，アタックされるときに腰を落とし，肩幅よりやや広く足を開き，かかとを少し上げるなど，すぐに反応できるような姿勢をとると，自分たちの攻撃につなげやすくなります。　（福ケ迫）

体育の授業づくり Q&A　表現

Q 「表現運動」と劇の違いについて

表現運動をしていると劇のようになってしまいます。表現運動と劇の違いは何ですか。

A この質問は，表現運動領域に示されている３つの内容の中の「表現遊び」・「表現」（以下「表現系ダンス」）についてのことと思われます。表現系ダンスの特性は，「表したいイメージや思いを，自由に動きを工夫して踊り表現する」と捉えられます。この特性に子どもたちが触れていくための技能のポイントとして，「題材の特徴的な動きを捉える」，「～したり，～したりと思いつくまま動きを連続させていく」，「どこかに事件やハプニングを入れて変化をつける」の3点が挙げられます。劇のようになってしまうのは，動きが連続せずに途切れ途切れになってしまい，なりきって踊る状態に至っていないことが考えられます。劇は「台詞」と「動き」によって役になりきっていきますが，表現系ダンスは，動きを誇張し，動きを連続させ，動きに変化をつけながらなりきっていきます。まずは，「思いつくまま動きを連続させていくこと」を大切に取り組んでみてください。(安江)

Q 題材を選ぶ基準をどう考えたらいいですか。

『小学校学習指導要領解説』の題材の例示などから，何を基準に題材を選んだらよいのでしょうか。

A 学習指導要領に示されている題材の例示はあくまでも例示ですが，教師や児童を対象とした題材調査のデータや，これまで積み重ねられてきた多くの実践等を根拠に示されていると思われます。そうした例示の中から題材を選ぶ際のポイントは，「児童にとって，動きが面白いと思える題材か」と「動きにしたら面白そうなイメージが，児童主体でいろいろ思い浮かぶ題材か」の２点です。そのような題材だと，児童は動きの面白さに惹かれて表現することに没頭していきます。

学習指導要領の〔題材と動きの例示〕には，低学年では「身近で関心が高く，特徴が捉えやすくて具体的な動きを多く含む題材」が，中学年では「ダイナミックで変化に富んだ多様な表現に取り組みやすい題材」が，高学年では「変化と起伏のある表現へ発展しやすい題材」などが適していると示されています。この視点も参考にしてください。また，教師自身が動きにしたら面白そうなイメージを30個以上書き出すことができない題材は，多様な動きで楽しむのが難しい題材かもしれません。
(安江)

参考文献：学校体育実技指導資料第9集「表現運動系及びダンス指導の手引」文部科学省，平成25年

体育の授業づくり Q&A　表現

Q 表現リズム遊びや表現運動の学習の進め方について

子どもたちが意欲的に取り組んでいける学習の進め方のポイントを教えてください。

A 全ての児童に対して,「主体的・対話的で深い学び」を実現できるようにすることが重視されています。主体的な学びとなるためには,「何を取り上げるのか」を児童の発達段階に応じて十分吟味し,もっと踊りたい,もっと工夫したいと,学びが主体的に次の活動へとつながっていくことが重要です。また,対話的で深い学びとなるためには,教師から児童への一方通行の関わりではなく,教師がリードしながら児童から動きを引き出すような関わりや,児童と児童が動きで関わり合いながら踊る活動の中で,教師が動きを評価しつつ,不十分な点に気づかせていくような双方向的な関わりにしていくことが大切です。学習の流れに沿って,もう少し具体的にみていきましょう。

1．ほぐしの活動

「自己の心身を解き放してイメージやリズム,踊りの世界に没入して踊ることが楽しい」表現リズム遊びや表現運動では,他の運動領域以上に授業の導入での「ほぐしの活動」が重要になります。簡単な動きで全身を弾ませて律動的に踊ったり,「走る-止まる」「跳ぶ-転がる」などの反対の動きの連続によって,リズムを崩すように動いたりすることで非日常の体になり,いつの間にか踊っている状態にしていきやすくなります。

2．大事なポイントをみんなでやってみる

「動物」や「忍者」などの題材を取り上げ,「さあ,なりきってみましょう」といきなり始めると,子どもたちはそれなりに取り組むものの,動きはいまひとつということが多いのではないでしょうか。その題材の特徴的な動きを含んだ様子や場面を3つか4つ選んで,全員で「大げさに(誇張)」「いくつかの様子をつないで(連続)」「どこかに事件やハプニング(変化とメリハリ)を入れて」といった先生の言葉掛けでリードしながら動くようにします。すると,子どもたちは,自分の力だけでは得にくい動きのおもしろさを実感し,大事なポイントを意識し始めます。

3．自分たちで楽しさを広げる

「大事なポイントをみんなでやってみる」ことでつかみかけた「大げさに」「いくつかの様子をつないで」「どこかに事件やハプニングを入れて」のポイントを,自分が選んだ様子や場面を踊るのに活用していきます。身に付けたことや得た知識を活用する中で,子どもたちは確かな力をつけていきます。しかし,ポイントをまだつかみきれていない子どもが多い場合は,よい動きを称揚する言葉掛けや,ポイントを意識させる言葉掛けなどの先生の関わりが大切になってきます。　　　　(安江)

Q リズムダンスの選曲について

リズムへの乗り方を学ぶためには，どのような視点からどのような音楽を選べばよいですか。

A リズムダンスの授業づくりを考えるとき，選曲はとても大切なポイントです。それは，音楽のリズムの特徴や曲調，テンポによって子どもたちのリズムの乗り方や動きが大きく変わるからです。取り扱うリズム（ロック・サンバ）や，学習のねらいに合った音楽を選びます。

ロックの授業で選ぶ音楽は，子どもがスキップできるくらいの速さを意識して選ぶことが重要です。テンポが速すぎると動きが駆け足になってしまい，おへそ（体幹部）で「リズムに乗る」ということが学びにくくなってしまいます。

取り扱うリズムがサンバのときは，サンバのリズムの特徴を捉えやすい音楽を選びます。さらに子どもが関心をもてるような音楽を選びたいです。マラカスの音が入るだけでも気分が盛り上がり，その気になって踊る子どもの姿が見られます。

このように，体も気分も乗れる音楽を選んでください。

(山崎)

Q 表現の選曲について

表現でＢＧＭとして音楽を使うことがあります。表現では，音楽の役割をどのように考えたらよいですか。

A 表現では，音楽は子どもたちが題材の世界に浸り，動きのイメージを広げる役割があります。そのため，題材のテーマがもつ世界観が広がるような音楽を選びたいです。

例えば，「忍者」を題材にするならば，和太鼓や三味線などの楽器を使用した和風の音楽や，夜の暗闇で人に見つかってはいけない様子をイメージさせるような，不気味で緊迫感のある音楽などが挙げられます。そのような音楽がかかると，子どもたちは忍者の世界に没入してなりきって表現することができます。

また，音楽の中に盛り上がりがあるといいですね。例えば，音楽が急に激しくなったときに「大変だ！ 戦いが始まった！」，「動物が追いかけてくる！」といったように場面が急変する様子を言葉掛けすると，子どもの動きの幅が広がるきっかけになり，緩急あるメリハリのある動きが生まれやすくなります。

(山崎)

体育の授業づくり Q&A　表　現

Q 高学年の表現の授業の導入について

高学年の授業の導入で、どのような活動や動きを行えば、表現運動を行いやすくなりますか。

A

高学年の児童は、その発達段階から、感じるままに身体表現をすることに恥ずかしさを感じる例が多くみられます。表現運動の導入には、「体ほぐし」の活動を取り入れ、十分に心と体を解放させることが大切です。

(1) 2人組で（交代して活動する）

●リラクセーション
・向かい合って座り、両手を軽くつなぐ。Aは脱力し、Bが手を揺する。
・Aはあぐらで脱力。BはAの後ろからAの肩や背中を揺すったりもんだり、軽くたたいたりする。
・Aは腹ばいになり、BはAの両手を持って軽く引っ張ったり、両足を持ち上げて軽く左右に揺すったりする。

●ストレッチ
・相手の状態を感じながら、前屈・後屈・体側伸ばしなどを行う。
・お互いに開脚して互いの足の裏を合わせて座る。両手をつないで交互に引っ張る。
・Aはあぐらで座る。BはAの後ろに立ち、Aの両手を持って、上に引っ張る。

●体全身じゃんけん
体全身でじゃんけんをし、勝った人は喜びを、負けた人は悲しみを大げさに表現する。

●新聞紙に変身
Aは、新聞紙をたたんだり、くしゃくしゃにしたり、ひらひらとなびかせたりする。それに合わせて、Bは体全体で、新聞紙になりきって表現をする。

●ミラー
AとBは向かい合って立ち、Aの動きに合わせて、Bは鏡に映っているAの動きになるように真似して動く。

(2) グループで

●伝承遊び「なべなべそこぬけ」
中心を向きながら手をつないで輪になり、「なべなべそこぬけ」を歌いながら、つないだ手を離すことなく、全員が外向きになる。

●大根抜き
足が外側になるように輪になり、腕をつなぎ合わせて寝転がる。大根抜きの役割の児童は、誰かの足を引っ張る。ほかの児童は、引き抜かれないようにしっかりと腕をつなぐ。

(3) 全員で

●円形コミュニケーション
輪になり、全員が隣の児童の背中を見るように同じ向きで座る。教師の指示で、前の友達の背中に耳を当てて鼓動を聞いたり、手を当ててさすったり、肩をたたいたりもんだりする。

●リズムダンスでノリノリに
導入で軽快なリズムの曲を流し、体を弾ませて自由に踊る。
・個々自由に。
・サークルになって真ん中のリーダーの真似をして。
・2〜3人のグループで。

●教師の指示でのなりきり表現
・「忍者になるよ」「足音を忍ばせて歩こう」「敵がやってきた！隠れて」「大変だ！天井が下がってきた」「床がべとべとで粘着性があってくっつくよ」「底なし沼に落っこちた」「ロープにつかまって！助かるよ」など。
・「葉っぱになるよ」「さわやかな風だ」「嵐になった」「地面に落ちた」「風に舞い上がるよ」「踏まれちゃう」など。

(杉本)

Q 擬音語・擬態語を使う児童について

低学年で「ブルンブルン」「ヒューン」などの擬音語や擬態語を言いながら表現遊びをしている児童に、何か指導は必要でしょうか。

A

低学年の子どもたちは、模倣が大好きです。動物や鳥、虫、恐竜など、すぐになりきって動くことができます。模倣する題材の様子などは、リズム言葉として擬音語や擬態語を口に出しながら動くと雰囲気が出て、様子がわかりやすいです。子どもたちの口から自然と「パオー、パオー」「ドスン、ドスン」「コツコツ」「パタパタ」「ピーピー」など、様子や動きなどがリズム言葉として出ていたら、表現遊びに意欲的に、そして熱中して取り組んでいるということなので、積極的に認めこそすれ、否定をする必要はありません。逆にうまく動けない子どもには、「なりきるものの動きや感じを口に出して動いてみよう」と声掛けをすることが、指導の手立ての1つにもなります。

リズム言葉を否定することなく、題材の特徴や様子などを捉えている子どもの動きを称賛しながら、表現遊びの楽しさを十分に味わわせてあげたいものです。　　　（杉本）

Q 場づくりのために用具を使ってよいですか。

例えば「動物ランド」の表現遊びで、マットや平均台を使うことは、よいのでしょうか。

A

なかなか動くことができない子どもに対しては、わずかな場の工夫がモチベーションを高めたり、活動を広げたり、運動する楽しさを味わうための手立てになることがあります。マットや平均台、フラフープのほかにブルーシートなども場の設定として活用できます。また、夢中になって活動している子どもたちは、教師が何も言わなくても、体育館にあるものを何かに見立てることがあります。肋木を木に見立てる、高さを求めてとび箱に上るなどの活動は、主体的に動きを広げられた、ということで称賛しましょう。

一方、「先生、ここは池だからね」、「ここは水飲み場」、「えさ場はあそこね」と、子どもが何もないところに池や川、特定の場所を想像して動くことも大切な視点なので、慣れてきたら活動に取り入れましょう。

表現遊びの楽しさを導けるよう、教師が多くの引き出しをもっておけるとよいです。安全面には十分配慮する必要があります。(杉本)

体育の授業づくり Q&A　表現

Q 表現運動領域の言葉掛けについて教えてください。

子どもたちの動きがよくないと感じるとき，どこで，どのような言葉掛けや指導を行うことが効果的ですか。

A 表現運動領域，特に自由なダンスである表現とリズムダンスでは，子どもの動きのよいところをたくさん見つけて，称賛する言葉掛けが大切です。表現運動領域では，自分の思ったことや感じたことを身体で表現します。子どもの動きの一つ一つが，子どもからのメッセージです。そのメッセージを受け取るためにも，まずは子どもの動きを「認める」ことを大切にしてください。また，個性的な動きや，人とは違った動きをしている子どもにも目を向けましょう。

そのうえで，より感じを込めて踊ったり，変化とメリハリのある動きへと高めていったりするためには，「もっとこうなったらいい」という具体的な言葉掛けをしていきましょう。子どもの動きを高めていくための大事な指導の視点は，「題材のイメージを捉えた動きになっているのか」です。同じ「走る」動きでも，忍者のように音もなく走るのか，ジャングルの中で動物から逃げようとして走るのか，宇宙の無重力空間で走ろうとするのか，題材によって走り方が大きく違います。その違いに気付かせるような言葉掛けをしてください。

また，以下の３つの点ができていると，子どもの動きに変化が生まれます。

①おへそを中心とした体幹部だけでなく，指先などの細部まで全身を使って大げさに表現している。
②変化とメリハリをつけている。
③動きが途切れずに連続している。

子どもに全身で踊らせたいときは「髪の毛まで踊って！」という言葉掛け，体幹部（おへそ）を意識させたいときは「おへそで天井や床，いろいろなところを見てみよう」などと，子どもの印象に残り，身体の部位を指定した言葉掛けを意識しましょう。さらに，動きの感じを「ピュー，ピタッ」や「パタパタパタ〜，ヒュヒュー，クルッポン！」のように，オノマトペ（擬音語，擬態語）を使って示すとよいでしょう。言葉の中にリズムや質感が感じられ，子どもの身体にスッと言葉の意味が入っていきます。

言葉を掛けるタイミングは，やはり子どもが動いている，表現しているその瞬間です。表現やリズムダンスは単元のはじめにひと流れの動きを即興的な踊りで展開しますが，即興表現をしている子どもの動きは，その場で生まれそのまま消えてしまいます。よい動きは，踊っているその場で称賛し価値付けしてあげることで，子どもの中にその動きの記憶が残っていきます。そして，その動きを繰り返し踊っていくことで，子どもの動きの幅が広がり，高学年では次の段階であるひとまとまりの作品創作につながっていきます。

（山崎）

Q 表現領域の評価のポイントを教えてください。

「おおむね満足する状況」と「十分満足する状況」の見極めがどの観点も難しいです。ポイントを教えてください。

A 紙面の文字量の制限から，ここでは，「表現リズム遊び」や「表現」（以下「表現系ダンス」）についての「知識及び技能」の評価のポイントについて述べます。

「表現系ダンス」では，題材やテーマから思い浮かんだイメージによって，子どもたちの動きが個々に異なるため，まず，動きの何を見て評価すればいいのか難しい面があります。「表現運動系及びダンス指導の手引」*のP.43「①児童生徒の動きの何を見て評価するのか」では，表現系ダンスにおける動きの評価の視点として，以下の3つを挙げています（下線は引用者による）。

◆動きの誇張（デフォルメ）
…動きの特徴を明確にとらえ，その特徴を強調した動きであるか。

◆連続した動き
…気持ちと動きが途切れることなく，表す対象になりきって「ひと流れの動き」や「ひとまとまりの動き」にして動いているか。

◆変化とメリハリ
…同じ調子の動きが続くのではなく，何か事件が起きたり，場面が急展開したり，急変した動きが入ったりして，緩急のついた動きで見る者をハッとさせる瞬間があるか。

これらの3つの視点は，「表現系ダンス」で教えたい「知識及び技能」の内容でもあると捉えられます。評価は単独では存在せず，教えたい中身と一体化しています。これらの視点をもとに考えてみましょう。

「動物」や「忍者」になって思いつくまま即興的に踊っている子どもたちの姿をイメージしてみてください。「おおむね満足する状況」は，「題材の特徴をつかんだ動きで，題材のいろいろな様子を，気持ちと動きを連続させながらなりきって，動きに変化をつけて踊ることができている状況」と捉えることができます。そして「十分満足する状況」は，「題材の特徴を全身の動き（ひねったり跳んだり転がったり）でつかみ，題材のいろいろな様子を気持ちと動きを連続させ，表情までなりきりながら，見る者をハッとさせるような変化を入れて踊ることができている状況」と捉えることができます。

「十分満足する状況」の子どもは，「動きの誇張」，「動きを連続」，「動きに変化とメリハリをつけて」が三位一体となって目を惹く動きをしているので，そうした視点から見ると見取りやすいでしょう。また，評価は指導したことをもとに行うので，これらのポイントをベースに指導することで，「十分満足する状況」の子どもが増えていきます。　　　（安江）

＊参考・引用文献：学校体育実技指導資料第9集「表現運動系及びダンス指導の手引」文部科学省，平成25年

77

体育の授業づくりQ&A　表現

Q 表現運動の単元学習ができず、困っています。

表現運動の配当時間を、運動会の種目練習として使っている学校に赴任しました。表現運動領域の単元学習ができません。

A

運動会の目標と、体育科の目標は、関連はしていてもイコールではありません。運動会の練習で表現運動の学習をしたことにすることがあるとすれば、それはぜひ、カリキュラム・マネジメントによって見直してほしいと考えます。

体育科の目標は「生涯にわたって心身の健康を保持増進し、豊かなスポーツライフを実現するための資質・能力を育成すること」が柱となっており、6つの運動領域と1つの保健領域が位置づけられています。

表現運動領域には、「リズム遊び、リズムダンス」「表現遊び、表現」「フォークダンス」の3つの内容が位置づけられています。3つの内容に共通する特性は、『小学校学習指導要領（平成29年告示）解説　体育編』で「自己の心身を解き放して、イメージやリズムの世界に没入してなりきって踊ったり、互いのよさを生かし合って仲間と交流して踊ったりする楽しさや喜びを味わうことのできる運動」と示されています。体育科の授業では、この運動の特性に触れることを目指して、「知識及び技能」「思考力・判断力・表現力等」「学びに向かう人間性等」を身に付けていきます。

運動会は学校行事としてのねらいがある一方で、体育科の授業で学んだ成果を発表する側面もあると捉えることができます。あくまでも、体育科の授業での学びが先にあってのことです。

この問題は、運動会の種目練習の時間数と、体育の学習に必要な時間数をどう棲み分けて考えているか、各学校におけるカリキュラム・マネジメントが問われてきます。

運動会で表現種目を取り上げる場合、「即興表現力」や「リズムに乗って踊る能力」、「踊りで交流する能力」は単元学習の授業の中で培い、運動会では、大きなテーマのもとにグループで表したいイメージを動きで表す部分を取り入れる、グループで好きな動きを組み合わせてリズムに乗って踊る部分を取り入れるなど、学習の成果を発表できるような構成を考えてみてはどうでしょう。

そのように考えれば、表現運動の単元学習も行えるし、運動会での表現種目にかける時間数も削減できます。何よりも、授業の中で「主体的・対話的で深い学び」が実現されやすくなります。既にこのように考えて、「運動会の練習」と「体育の学習」の棲み分けと関連性を検討し、カリキュラム・マネジメントを進めている学校もあることと思われます。

表現運動には運動会という「見せる」ことに重点が置かれがちな内容としてのみではなく、普段の単元学習で取り組んでいきましょう。表現運動の学習は、子どもたちの表現力や創造力、身体的コミュニケーション力などを伸ばします。そして、子どもどうしや子どもと先生との相互理解が深まり、クラスの雰囲気がいっそう柔らかくなっていきます。（安江）

参考・引用文献：『小学校学習指導要領（平成29年告示）解説 体育編』、文部科学省、平成29年

おわりに

　本書は，学校に足しげく通う大学の教員と学校現場で日々奮闘し，体育の授業づくりに情熱を燃やす小学校教員で作成しました。キーワードが多々存在し，これまで以上に総合的で理念的な学習指導要領の趣旨をどのように説明するか。また，日常，悩みながら体育の授業を行っている先生方に限られたスペースの中で何を伝えるのか，それこそ執筆者も試行錯誤しながら仕上げていきました。多忙な小学校の教員が，限られた時間の中で物事を理解するためには，キーワードを中心に全体像を把握し，その上で具体的な内容と関連を図りながら理解していく必要があります。このことを意識しながら，流れるように読んでもらえるよう構成していきました。

　もちろん，これで体育の授業づくりのすべてがわかるわけではありませんが，子どもの思いに応え，「先生，またやってみたい！」と言ってもらえる体育に近づけることを願って仕上げました。願わくは，本書を皮切りに，今後出版される副読本『体育の学習』（光文書院）につなげていただき，一層具体的で実践的な授業を構成していただけますと幸いです。

　末筆ながら，本書の作成にあたり，趣旨に賛同をいただき，出版の機会を作っていただきました光文書院様に感謝いたします。

白旗　和也

【編著者】

白旗　和也　　日本体育大学教授

【執筆者(五十音順)】

大越　正大　　東海大学教授

大澤　　諭　　埼玉県さいたま市立常盤小学校教諭

計良　真美　　東京都中野区立みなみの小学校主幹教諭

小島　大樹　　東京都調布市立第三小学校指導教諭

小濱　智香　　徳島県徳島市津田小学校教諭

佐藤　映子　　神奈川県川崎市立古川小学校総括教諭

杉本眞智子　　元神奈川県川崎市立西生田小学校校長

須甲　理生　　日本女子体育大学准教授

鈴木　　聡　　東京学芸大学教授

陳　　洋明　　大阪体育大学講師

羽賀　弘美　　千葉県松戸市立中部小学校教頭

福ケ迫善彦　　流通経済大学教授

細越　淳二　　国士舘大学教授

水島　宏一　　日本大学教授

安江　美保　　ノートルダム清心女子大学准教授

山崎　朱音　　静岡大学講師

(肩書は，2019年6月現在)

小学校体育　はじめの一歩

©Kazuya Shirahata 2019

2019年7月30日　第1版第1刷発行

編著者————————白旗和也

執筆者————————大越正大・大澤諭・計良真美・小島大樹・小濱智香・佐藤映子・
　　　　　　　　　　　杉本眞智子・須甲理生・鈴木聡・陳洋明・羽賀弘美・福ケ迫善彦・
　　　　　　　　　　　細越淳二・水島宏一・安江美保・山崎朱音

発行者————————長谷川知彦

発行所————————株式会社光文書院
　　　　　　　　　　　〒102-0076　東京都千代田区五番町14
　　　　　　　　　　　電話　03-3262-3271(代)　　https://www.kobun.co.jp/

カバーイラスト——ヤマネアヤ

デザイン————————象形社

2019 Printed in Japan　ISBN978-4-7706-1098-0

＊落丁・乱丁本は，送料小社負担にてお取り替えいたします。